Uli Frings

Die wilden Berge der Ardèche

Reise- und Wanderführer
rund um das Massif du Tanargue
in den Cevennen

Legende zu den Wanderkarten

Ausgangspunkt mit GPS-Koordinaten	Campingplatz	Beschriebener Wanderweg
Restaurant und/ oder Unterkunft*	Kirche	Alternativweg oder Abkürzung
Fernblicke	Höhle/Grotte	Andere Wege

* Gîtes d'étapes und Chambres d'hôtes bewirten normalerweise nur Übernachtungsgäste.

Aktuelle Änderungen, die erst nach Drucklegung eingetreten sind, sowie Ergänzungen unserer Leser finden Sie unter **www.ardechereisen.de/aktuelles.** Für jeden **Tipp oder Verbesserungsvorschlag**, den wir auf unserer Website veröffentlichen, bedanken wir uns mit der Zusendung eines Reiseführers (siehe Seite 101).

GPS

GPS-Tracks zu allen Wandertouren zum **Download**:
www.ardechereisen.de/gps_ardecheberge
Benutzername: Ardeche
Passwort: gps654788

Die Ausarbeitung aller Wanderungen und Informationen in diesem Buch erfolgte nach bestem Wissen und so sorgfältig wie möglich. Trotzdem sind – im Sinne des Produkthaftungsrechts – inhaltliche Fehler nicht vollständig auszuschließen. Daher erfolgen alle Angaben ohne Garantie und Haftung des Herausgebers. Wir freuen uns über Ergänzungen und Anregungen an die E-Mail-Adresse **ulifrings@gmx.de**.

ISBN 978-3-00-025751-3
6. überarbeitete Auflage, März 2022

Karten: Werner Ulkann, Bonn
Lektorat/Korrektorat: Gunter Morche, Hamburg

Bildnachweis:
Erwin Bauer: Seiten 66/67, Tania Beilfuß: Seiten Titel, 8/9, 54, Ronald Burkhardt: Seiten 6/7, Regina Eidner: Seiten 66/67, 79, Alexandra Fries: Seiten 31, 33, 35, 50, 52, 80/81, 90, Raimund Friese: Seiten 9, 21, 49, 69, 79, Claudia Hartfiel: Seiten 36/37, Prof. Dr. Günter Huber: Seiten 17, 66/67, Christine Irmscher: Seiten 32/33, Christiane Jachmann: Seite 85, Ruth Klevinghaus: Seiten 40, 86/87, Gunter Morche: Seite 28, Musée de la Châtaigneraie: Seiten 58/59, Katharina Queißer: Seiten 44, 84/85, Werner Reimann: Seite 20, Bärbel Smarz: Seiten 38/39, Volker Terasa: Seiten 66/67, 71, 83, Katrin Wagner: Seiten 14/15, 83, Ilka Wahl: Seite 24, Foto zur Grotte Chauvet Seite 31 © DRAC Rhône-Alpes - Ministère de la Culture et de la Communication, alle anderen Fotos: Uli Frings.

Klimaneutral
Druckprodukt
ClimatePartner.com/11774-2202-1117

Dieses Buch wurde **klimaneutral gedruckt**, d. h. die CO_2-Emissionen, die während der Produktion dieses Druckprodukts angefallen sind, wurden durch den Erwerb von Emissionszertifikaten ausgeglichen. Printed in Germany.

Herausgeber und Autor:
© Uli Frings
Valousset-haut
07110 Laboule, Frankreich
Telefon +33 6 88 12 82 06
E-Mail: ulifrings@gmx.de
www.ardechereisen.de

Inhaltsverzeichnis

Mit dem TGV nach Valence oder Montélimar

Mit dem **TGV** (Train à Grande Vitesse) nach **Valence TGV** oder **Valence Ville** oder **Montélimar**, von dort weiter mit dem Bus nach **Aubenas**, **Vallon-Pont-d'Arc** oder **Les Vans** (1 bis 2,5 Stunden Busfahrt). Die Verbindungen (auch die Busverbindungen) lassen sich am besten unter **www.sncf-connect. com/de-de** oder **www.thetrainline.com/de** recherchieren. Bei der **SNCF** (französische Eisenbahngesellschaft) bekommt man oft Sonderangebote, die in Deutschland nicht oder nur schwer erhältlich sind. Gebuchte Tickets, inkl. der obligatorischen **Platzreservierung**, kann man ausdrucken oder auf die SNCF-App laden. Bei mehr als drei Umstiegen bringt die Datenbank manchmal kein Ergebnis, die Verbindung muss dann in mehreren Schritten gesucht werden. Bei der SNCF und Trainline kann man auch die **Bustickets** mitbuchen.

Regionale Busverbindungen:
Linie 73: Valence TGV – Valence Ville – Privas – Aubenas. **Abfahrt** ca. 6.30, 7.35, 9.35, 11.35, 13.35, 16.35, 17.10, 18.10 und 19.10 Uhr.
Linie 74: Valence TGV – Montélimar – Aubenas – Les Vans. **Abfahrt ab Valence TGV** ca. 14.00 Uhr. Sonst zunächst mit dem Regionalzug nach **Montélimar**, ab dort fährt fast **stündlich ein Bus nach Aubenas**. Weiter nach **Les Vans** gibt es nur eine Verbindungen pro Tag über **Largentière** .
Linie 76: Valence TGV – Montélimar – Vallon-Pont-d'Arc. **Abfahrt** ca. 10.35, 13.55, 17.35 und 21.37 Uhr.

Aktuelle Busfahrpläne unter:
www.auvergnerhonealpes.fr/91-cars-region-express.htm

Sehr gute Erfahrungen bei der Organisation der Anreise haben wir mit der Bahnagentur **www.gleisnost.de** gemacht. Guter Service und günstige Verbindungen.

Und: Jede Bahnfahrt erspart der Umwelt im Vergleich zur Fahrt mit dem Pkw durchschnittlich **zwei Drittel des klimaschädlichen CO_2-Ausstoßes**, nur die Anfahrt mit dem Fernreisebus ist noch ökologischer.

Mit dem Fernreisebus

Der CO_2-Ausstoß eines Reisebusses ist im Vergleich zur Bahn etwas niedriger und die Anreise sehr preisgünstig (oft schon ab 120 € für Hin- und Rückfahrt). Hinfahrt z. B. mit Umstieg in **Lyon** nach **Valence Ville**. Fahrzeit z. B. ab Hamburg 22, ab Köln 14, ab München 15 Stunden: **www.eurolines.de**.

Mit dem Pkw

In die Ardèche nimmt man die **A7**, die **Autoroute du Soleil**, über **Lyon** bis zu den Abfahrten **Loriol**, **Montélimar** oder **Bollène**. Gerade im Sommer ist diese Strecke sehr stark befahren und es gibt häufig lange Staus. Baustellen- und Verkehrsprognosen findet man unter: **www.autoroutes.fr**. An den Mautstellen (**Péage**) kann bar oder mit Kreditkarte bezahlt werden (von Deutschland aus mit ca. 40 € je Fahrt rechnen). **Tanken** ist an den Tankstellen der Supermarktketten am günstigsten, **E.Leclerc** unterbietet meist alle.

Mit dem Flugzeug

Die Flughäfen **Lyon Saint-Exupéry** und **Marseille Provence** fliegen neben AirFrance und Lufthansa auch einige Billigfluglinien wie z. B. easyJet oder ryanair an. Die Weiterfahrt von **Lyon** ist am einfachsten, da der **Flughafen direkt am TGV-Bahnhof** liegt. Oder man fährt mit dem **Rhônexpress** in die Innenstadt von Lyon und von dort weiter mit dem Regionalzug.

Vom Flughafen **Marseille Provence (mp)** fährt **alle 15 Min. ein Shuttlebus** (Navette) in 25 Min. nach Marseille zum **Bahnhof Saint-Charles** (einfache Fahrt 10 €, hin und zurück 16 €). Von dort geht es weiter mit dem TGV oder Regionalzug nach Montélimar.

Beim Fliegen entsteht etwa die **10- bis 20-fache Menge CO_2** im Vergleich zur Anfahrt mit der Bahn. Daher: wenn schon fliegen, dann **atmosfair**. Mit einem freiwilligen Beitrag (z. B. Berlin Hin- und Rückflug ca. 17 €) werden die entstandenen Emissionen durch Investitionen in Klimaschutzprojekte kompensiert. Infos unter **www.atmosfair.de**.

LYON
centre
PARIS
A 71
ROANNE
CLERMONT-FERRAND
A 47
Vienne
N 86
ST-ETIENNE
LOIRE
N 102
A 7
N 88
Loire
Annonay
Rhône
N 7
A 75
CLERMONT-
FERRAND
HAUTE
LOIRE
ARDÈCHE
N 102
Isère
GRENOBLE
LE PUY
en-Velay
Lamastre
A 49
Eyrieux
VALENCE
Ville
TGV
N 88
Loire
DROME
PRIVAS
Drôme
N 104
Loriol
N 86
N 88
AUBENAS
MENDE
Largentière
N 102
MONTÉLIMAR
Vallon-Pont-
d'Arc
Les Vans
A 7
LOZÈRE
Ardèche
Bollène
Pont-
St-Esprit
ALÈS
Rhône
GARD
MONTPELLIER
MARSEILLE

Die Ardèche und das Massif du Tanargue

Die Cevennen und die Ardèche sind alte und sehr geschichtsträchtige Kulturlandschaften, aber bisher vom deutschen Tourismus kaum entdeckt. Meist kennen nur die Kanufahrer die Flüsse Ardèche, Beaume oder Chassezac. Doch das Departement Ardèche hat viel mehr als nur Wildwasser zu bieten. Neben den berühmten Kalksteinschluchten der Flüsse werden gerade Wanderer von den einsamen Bergen begeistert sein. Über alte Maultierpfade wandert man durch eine jahrhundertealte terrassierte, heute meist verwilderte Kulturlandschaft, geprägt von Esskastanienwäldern, kargen Höhenzügen, vielen kleinen Flüssen und Bächen sowie festungsähnlich aus Bruchstein erbauten Dörfern.

Ardèche (offiziell Département de l'Ardèche) ist das französische Département mit der Ordnungsnummer **07**. Es liegt in der Region **Auvergne-Rhône-Alpes** im Südosten Frankreichs und ist nach dem **Fluss Ardèche** benannt. Es grenzt an die Départements Drôme, Vaucluse, Gard, Lozère, Haute-Loire, Loire und Isère. Die Ardèche hat knapp **320 000 Einwohner** auf einer **Fläche von 5 529 km²**, also keine **60 Einwohner/km²** (zum Vergleich: Deutschland hat 226 Einwohner/km²).

Flora und Fauna in der Ardèche und den Cevennen sind überaus vielfältig: Mehr als 2 000 Pflanzenarten sind hier ebenso zuhause wie Wildschweine, Hirsche, Rehe und Greifvögel wie Falken, Milane und Adler.
Die reich gegliederte Landschaft der unteren Ardèche beherbergt als Besonderheit zahlreiche Tiere, die auf Felswände, -spalten und -höhlen angewiesen sind. Nicht weniger als 18 Arten Fledermäuse findet man hier.
Auf den trocken heißen Kalkebenen gedeihen typische Garrigue-Pflanzen: Thymian, Lavendel, Rosmarin, verschiedene Zistrosen- und Wolfsmilcharten, Ginster, Terpentinpistazie, Wacholder.
In den Bergen der Ardèche trifft man in höheren Lagen eine subalpine Vegetation an.

Parc Naturel Régional des Monts d'Ardèche

Per Erlass vom 9. April 2001 wurde im Gebiet der Ardèche der 6. Naturpark der Region Rhône-Alpes (seit 2016 Auvergne-Rhône-Alpes) eröffnet. Von 1992 bis 2000 wurde an der Vorbereitung eines Regionalparks in der Ardèche gearbeitet. Die ersten Überlegungen für die Schaffung des Parks sind 1992 von den Kastanienproduzenten ausgegangen. Das Massif du Tanargue liegt nun im jüngsten Parc Naturel Régional Frankreichs. Einer der wichtigsten Aufgaben des Parks ist der Erhalt der „Faïsses", der mit Trockenmauern erbauten Terrassen, die der Landschaft des Parc Naturel Régional des Monts d'Ardèche sein charakteristisches Gesicht geben. Der Begriff „Parc Naturel Régional" entspricht in groben Zügen dem deutschen „Naturschutzgebiet". Die Zielsetzung dieser Initiative in Frankreich schließt jedoch, außer der Bewahrung des ökologischen Systems, auch die wirtschaftliche Förderung von ländlichen Gebieten ein. Das Territorium des Parc Naturel Régional des Monts d'Ardèche erstreckt sich über 180 000 Hektar und umfasst 132 Gemeinden.

Das Massif du Tanargue ist der höchste Gebirgszug der Ardèche. Die Wanderungen in diesem Gebiet sind besonders reizvoll durch den Kontrast von schroffen, bis zu 1 500 m hohen Bergen und dem milden mediterranen Klima mit über 300 Sonnentagen im Jahr. Unterwegs gibt es in den klaren Flüssen und Bächen immer wieder traumhafte Badestellen. Im Herbst kann man mit etwas Glück Unmengen Pilze finden, wie Steinpilze oder Maronenröhrlinge.

9
D 19
Massif du Tanargue
Borne
Loubaresse
2
1 2. Tag
3
6
Valgorge
D 24
Laboule
10
5
4
1 3. Tag
2
Valousset
Beaume
Dompnac
D 4
D 320
7
D 203
11
12
Beaumont
6
Sablières
St. Mélany
D 220
Montselgues
Drobie
St. André-Lachamp
D 4
19
18
Ribes
Thines
St. Jean-de-
Pourcharesse
N
5 km
Malarce-sur-
la-Thines
© Ardèchereisen, Uli Frings

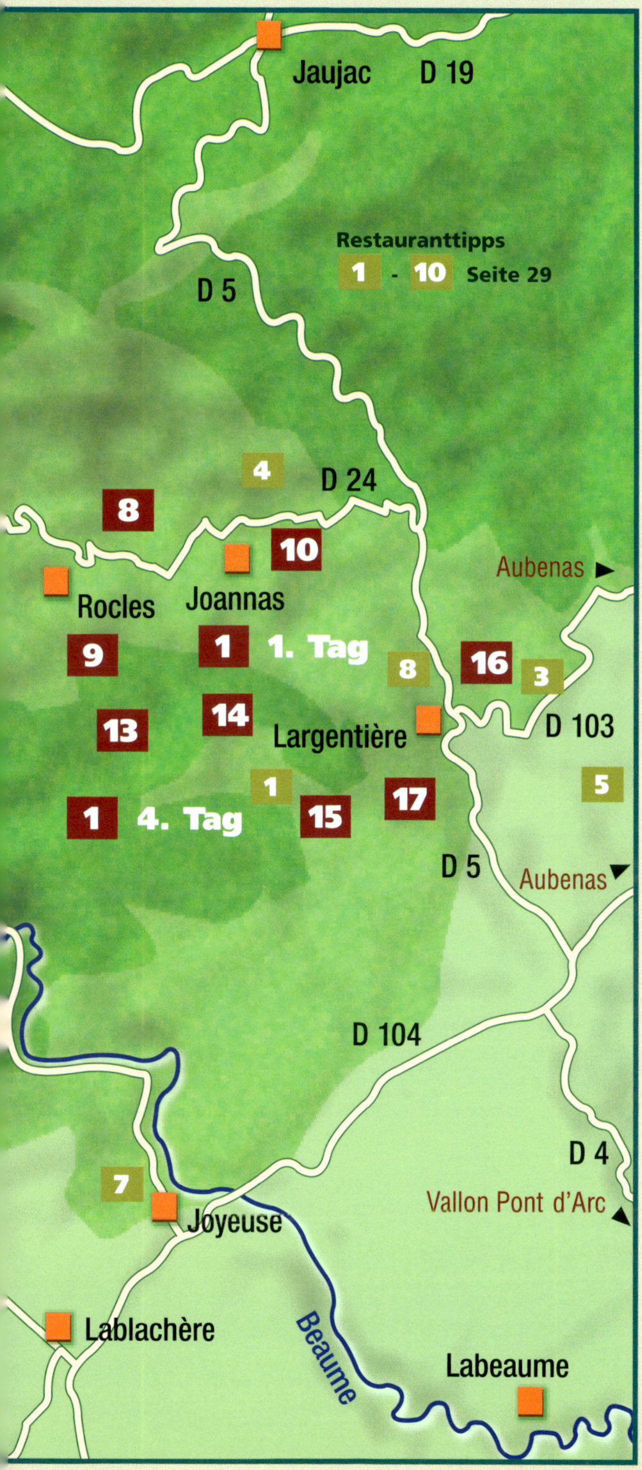

Die Wanderungen im Überblick

Tour 1 GR de Pays Tour du Tanargue: In vier Tagen

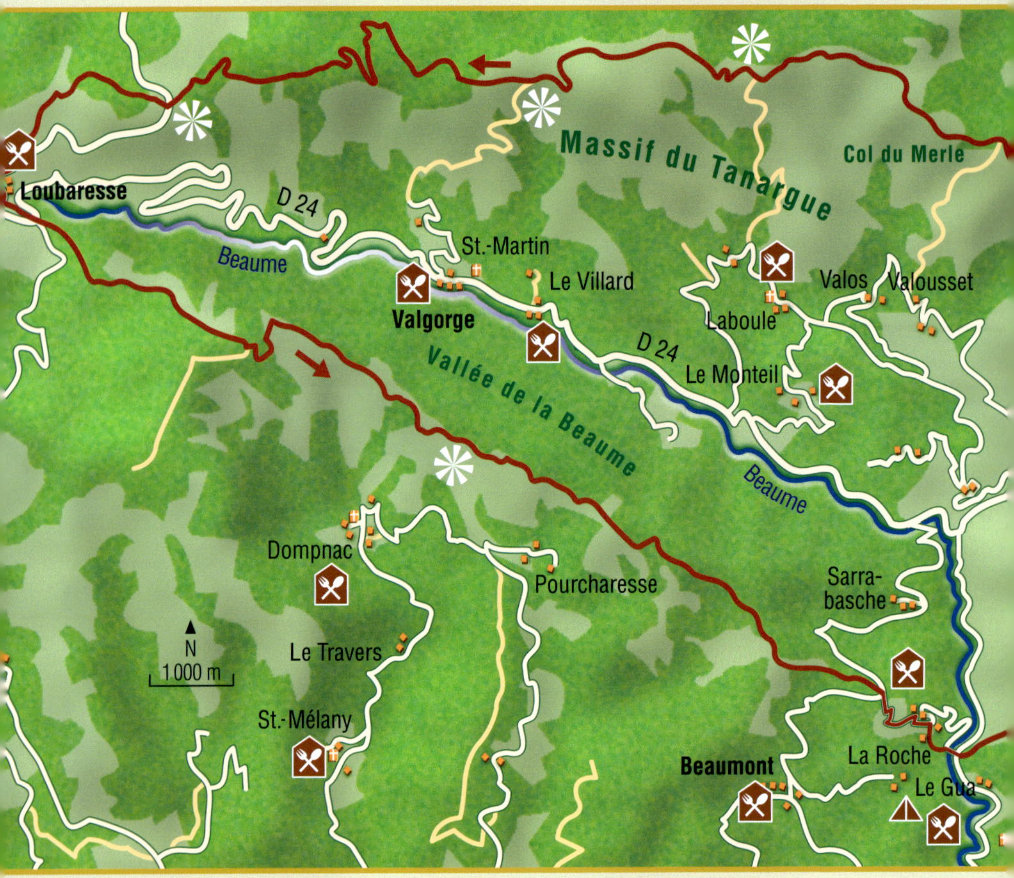

1 44°32'38.45"N 4°17'35.81"E Mit dem Zug fährt man bis nach **Valence** oder **Montélimar**, von dort nimmt man den Bus über Aubenas nach Largentière. Mit dem Auto von der Rhône-Autobahn die **Abfahrt Loriol** nehmen und über Privas und Aubenas nach **Largentière** fahren.

Der GRP (Grande Randonnée de Pays) Tour du Tanargue führt als viertägiger Rundweg von Largèntiere über Rocles, Loubaresse, Le Gua und wieder zurück nach Largentière. Das Massif du Tanargue ist der höchste Gebirgszug der Ardèche und erreicht knapp über 1 500 m. Sein Name leitet sich vom keltischen Donnergott **Taranis** ab. Also, etwas Vorsicht bei Gewitterneigung, die Unwetter in den Bergen der Ardèche können heftig sein.

Die Etappen im Detail auf den Folgeseiten ▶

rund um das Massif du Tanargue

4 Wandertage 60 km

Schwierigkeitsgrad

▶ **Mittelschwer bis schwer,** der 2. Tag erfordert mit 7,5–8 Stunden Wanderzeit und über 900 HM beste Kondition.

Wegmarkierung

Durchgängig sehr gut gelb-rot als **GRP Tour du Tanargue** markiert.

Wanderkarte

2838 OT LARGENTIÈRE Topografische Wanderkarte Frankreich, 1:25 000 – GPS EAN: 9782758543169

Einkehr/Unterkunft

im Ausgangsort Largentière

▶ **Eine Reihe netter Cafés und Restaurants,** z. B. **La Calèche,** hinter dem oberen Stadttor nach links die Gasse hinab. Telefon 06 10 32 23 07.

▶ **Hôtel/Restaurant Domaine de l'Eau Vive**
Le Roubreau
07110 Largentière
Telefon 04 75 89 20 53
Sehr schöne Lage etwas außerhalb im Bachtal.

▶ **L'Auberge des Ranchisses**
1525 Route de Valgorge
07110 Chassiers
Telefon 04 75 88 31 97
Direkt an der Tour du Tanargue gelegen.

▶ Gute Übersicht zu den **Gîte d'ètapes** der Region: **www.couleurs-rando.com**

Office de Tourisme

▶ Weitere Informationen zur Tour du Tanargue und Wanderkarten gibt es am **Place du Marché**.

Tour 1 GR de Pays Tour du Tanargue

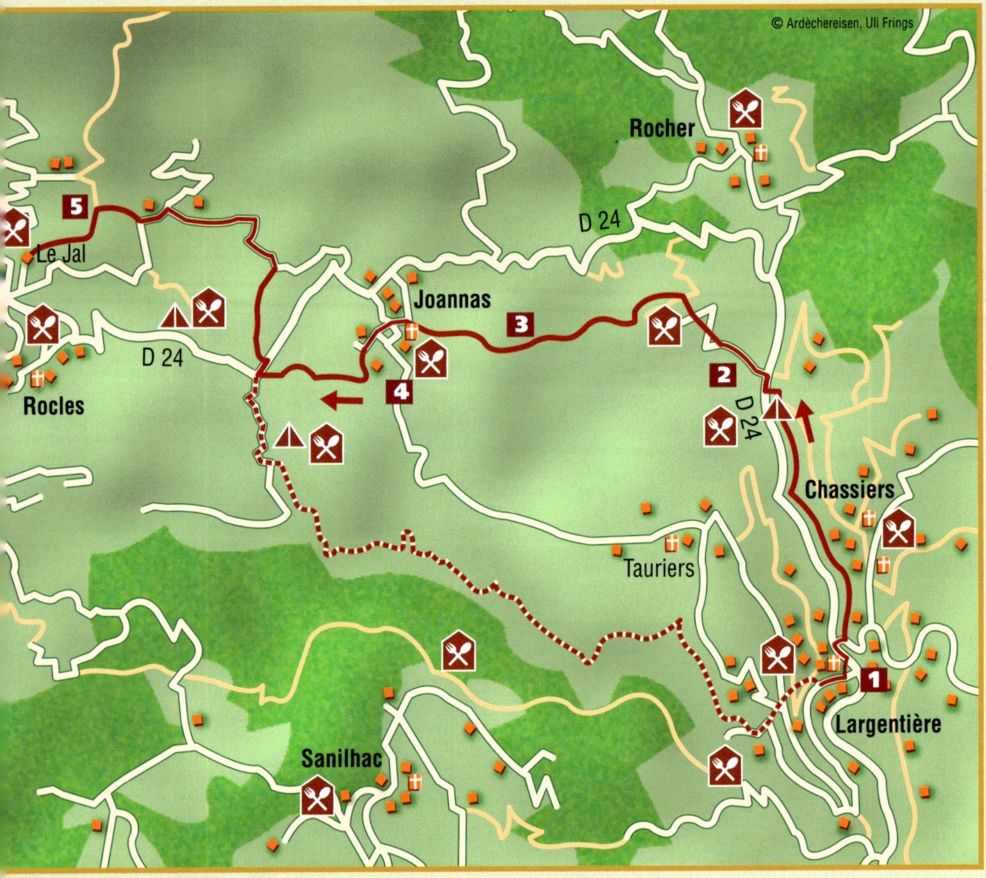

1 44°32'31.81"N 4°17'30.47"E Vom **Office de Tourisme du Val de Ligne** (gute Informationen und Wanderkarten) am **Place du Marché** folgt man der Gasse abwärts Richtung altem Stadttor. Ab jetzt orientiert man sich an der **gelb-roten Markierung** des GRP Tour du Tanargue. Auf dem Weg liegen einige kleine Geschäfte und ein **Café**.

Man geht durch das Stadttor, über die Brücke und nimmt nach links die Straße vorbei an einer **Bar** mit schöner Aussenterrasse. An der nächsten Straßengabelung rechts aufwärts halten und in der scharfen Rechtskurve die Straße geradeaus verlassen. Nach 600 m **nicht** die kleine Straße aufwärts nehmen. Sondern weiter geradeaus, auch an einem Abzweig vorbei, leicht rechts auf dem oberen Weg bleiben. Man passiert einen Mobilhome-Campingplatz. Kurz danach macht die Straße eine scharfe Linkskurve, der man folgt. Nicht den geradeaus gehenden Pfad an den Müllcontainern nehmen! Nach 50 m kommt man auf die Durchgangsstraße **D 24**. Einige Meter nach rechts und dann nach links abbiegen (ausgeschildert zur Auberge Ranchisses). Jetzt der Straße am Abzweig zum Restaurant vorbei folgen, bis rechts unterhalb des Orts beim Schild **Pra Monteil** ein schmaler Pfad ansteigt und mehrmals die Straße quert.

2 Einkehr Les Ranchisses

Der Weg führt weiter aufwärts und man nimmt nach links eine gerade nach oben führende Straße. Vor dem Gästehaus und Gîte (**Le Mas des Faïsses**) nach rechts der Straße an den Häusern entlang folgen und

1. Tag von Largentière nach Rocles

dahinter scharf links abbiegen. Bald steigt man geradeaus auf schmalem Weg leicht an. Dem Pfad folgen, bis ein etwas breiterer Fahrweg erreicht wird. Diesen nach rechts nehmen und bei einer Weggabelung links halten. Der Weg steigt jetzt relativ steil an und man erreicht nach etwa 15 Min. ein Wegkreuz oberhalb von Joannas, ein idealer Picknickplatz (s. auch Tour 10, Seite 54). Bis hierhin sind es 1,5 bis 2 Std.

3 Picknickplatz

Den Forstweg kreuzen und geradeaus den Pfad abwärts nehmen, der unten angelangt nach links abbiegend auf einem breiteren Fahrweg zum schönen Ort Joannas führt. Hier zwischen den Häusern noch ein Stück die Straße hochgehen, rechts abbiegen und den nächsten Abzweig nach links nehmen. Kurz darauf nach rechts **Richtung Chassagnolles/Charon** gehen. Hier lohnt auch nach links ein **Abstecher** zum Dorfplatz mit **historischem Schloss** und **Bar/Restaurant**.

4 Château de Joannas

Am Ortsschild Chassagnolles vorbei, dann links am Wegweiser nach Charon abbiegen. Wenn die Straße sich gabelt, rechts hoch und dann links abwärts gehen. Unten angelangt in den rechts abbiegenden Pfad einbiegen, der durch ein Bachtal und dann wieder hoch zur Straße führt. Die Straße einige Meter aufwärts bis zur **D 24** nehmen. Dieser ein Stück nach rechts bis zum Abzweig nach **La Grangette** folgen. Die Straße, die später in einen Schotterweg übergeht, ansteigen bis zu einer Querstraße. Es geht nach links etwas abwärts bis zu zwei Bogenbrücken über einen kleinen Fluss. Die erste der Brücken nach links überqueren und geradeaus hoch zur Straße, der man nach links einige hundert Meter folgt.

Man gelangt zu einem Wegweiser nach Le Clos und einem DFCI-Schild zum Reserve d'eau. Diesen Weg **nicht** nehmen! Sondern **nach links,** hinter den Häusern auf den schmalen Pfad gehen. Nun zwischen den Häusern hindurch, eine kleine Straße kreuzen, bis man wieder eine Straße erreicht. Bei einem Wegweiser folgt man dem Schotterweg einige Meter nach rechts Richtung **Laboule**, dann links in den kleinen Pfad abbiegen und kräftig ansteigen. An einem Fahrweg **verlässt man die Tour du Tanargue** für heute und biegt nach links Richtung **Rocles** ab. Der Weg führt durch einen Kastanienhain und dann abwärts zum **Gîte d'étape du Jal**.

5 Links abbiegen zum Gîte

Gîte d'étape du Jal

Regenbogen über dem Tour de Brison

4,5 Stunden

12 km • 300 HM

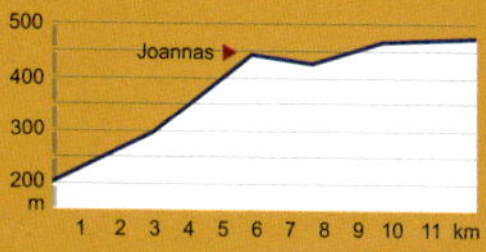

Schwierigkeitsgrad

▶ **Leicht**, am 1. Tag wandert man durch Dörfer und Kastanienwälder.

Wegmarkierung

Durchgängig sehr gut gelb-rot als **GRP Tour du Tanargue** markiert.

Wanderkarte

2838 OT LARGENTIÈRE
Topografische Wanderkarte
Frankreich, 1:25 000 – GPS
EAN: 9782758543169

Einkehr/Unterkunft

▶ **Gîte d'étape du Jal**
Le Jal, 07110 Rocles
Telefon 06 70 73 31 36
Schönes **Öko-Gîte** mit gutem ländlichem Essen.

▶ **L'Auberge des Ranchisses**
1525 Route de Valgorge
07110 Chassiers
Telefon 04 75 88 31 97

▶ **Restaurant U Castellu**
Le Chateau, 07110 Joannas
Telefon 04 75 37 67 33

▶ Bar in **Rocles**,
Telefon 04 75 88 36 18
Sehr gute Salate und Pizzen.

▶ **Hôtel Le Chêne Vert** in **Rocher** mit Restaurant.
Telefon 04 75 88 34 02

▶ **Campingplatz Le Roubreau** mit Snackbar.
Telefon 04 75 88 32 07

▶ **L'Epicerie au Fournil à Rocles**
Telefon 04 69 22 68 59
Täglich geöffnet: vormittags 8.30 bis 13 Uhr, außer montags, nachmittags 16 bis 19 Uhr, außer dienstags, donnerstags und sonntags.
Tolles **Vollkornbrot** aus dem Holzofen, frisches Biogemüse und Produkte der Region.

Tour 1 GR de Pays Tour du Tanargue

1 44°34'12.88"N 4°13'0.31"E Von Le Jal den Weg vom Vortag zurückgehen, bis zum Abzweig, an dem man die Tour du Tanargue verlassen hat. Hier jetzt geradeaus Richtung Le Vernet, Laboule und wieder der **gelb-roten Markierung** des GRP Tour du Tanargue folgen. Der Fahrweg führt auf die Straße unterhalb des Orts Le Vernet. Die Straße hoch, um die Rechtskurve herum und dann rechts in den schmalen Pfad abbiegen. Den Pfad ansteigen, bis man einen Fahrweg erreicht. Schräg rechts gegenüber geht der Pfad hoch auf den **Cham du Cros** (1 202 m). Der Weg ist die erste Stunde recht steinig/geröllig, oberhalb des Kastanienwalds, wo die Wildschweine nicht mehr soviel wühlen, wird er aber immer besser. Man folgt dem Weg bis auf die Höhe, der Pfad führt durch den Ginster

2 Steil abwärts immer weiter aufwärts. Kurz hinter einem Steinhügel, der den Gipfel markiert, geht es mehrfach steil abwärts, beim letzten Stück muss man schon mal seine Hände benutzen, es gibt aber keine ausgesetzte oder besonders gefährliche Stelle. Unten angelangt erreicht man nach links den Pass **Col du Merle** (1 072 m). Hier gibt es einen Abzweig nach Valousset (siehe Tour 6, Seite 42).

Es geht weiter auf dem breiten Fahrweg ganz links, der langsam bergauf führt. Nach etwa einer Stunde kommt ein Abzweig abwärts nach

3 Abzweig nach Laboule Laboule, den man aber **nicht** nimmt. Der Weg geht weiter Richtung Loubaresse und verliert sich später etwas auf der nun erreichten Hochebene. Geradeaus halten und über die nächste Kuppe (1 400 m) gehen. Etwa 50 m vor einer kleinen mit Holzbrettern eingezäunten Viehweide scharf links auf den breiteren Schotterweg abbiegen (nicht geradeaus der gelben Markierung folgen). Der Weg führt nun, an einem Abzweig vorbei, um die Kuppe herum. Nach 700 m geht nach links ein schmaler, bald sehr steiler Pfad ab, ausgeschildert mit Laboule

2. Tag von Rocles nach Loubaresse

7,5–8 Stunden
23 km • 950 HM

5 km. Man hält sich aber noch 350 m weiter geradeaus bis zu einem Wanderwegweiser. Ein schmaler Pfad führt, zunächst durch leicht sumpfiges Gebiet, geradeaus **Richtung Loubaresse**. Einige hundert Meter weiter geht rechts ein Maultierpfad nach Valgorge ab. Man hält sich

4 Abzweig nach Valgorge

aber weiter geradeaus, bis man einen breiteren Querweg erreicht. Diesen nach rechts nehmen bis zu einem Fahrweg, dem man nach links längere Zeit folgt, bis die Straße am **Col de Meyrand** (1 370 m) erreicht wird. Diese kreuzen und auf der gegenüberliegenden Seite den bald rechts abbiegenden Fahrweg nehmen. Wenn wieder ein Fahrweg erreicht wird, noch ein kurzes Stück nach rechts, dann scharf links in einen schmalen Pfad einbiegen, der hinunter zum **Bergdorf Loubaresse** (1 230 m) führt.

Schwierigkeitsgrad

▶ **Schwer,** die Länge der Strecke erfordert gute Kondition. Der Aufstieg von Rocles ist teilweise sehr geröllig. Bei Punkt **2** geht es vom Cham du Cros zum Col du Merle ein kurzes Stück (50 m) recht steil, aber nicht gefährlich abwärts.

Wegmarkierung

Gelb-rot als **GRP Tour du Tanargue** markiert.

Einkehr/Unterkunft

▶ Keine Einkehrmöglichkeit unterwegs.

▶ **Gîte d'étape de l'église, Loubaresse**
07110 Loubaresse,
Telefon 04 75 88 99 38

▶ **Auberge Le Pégan**
07110 Loubaresse
Telefon 04 75 88 96 48

Tour 1 GR de Pays Tour du Tanargue

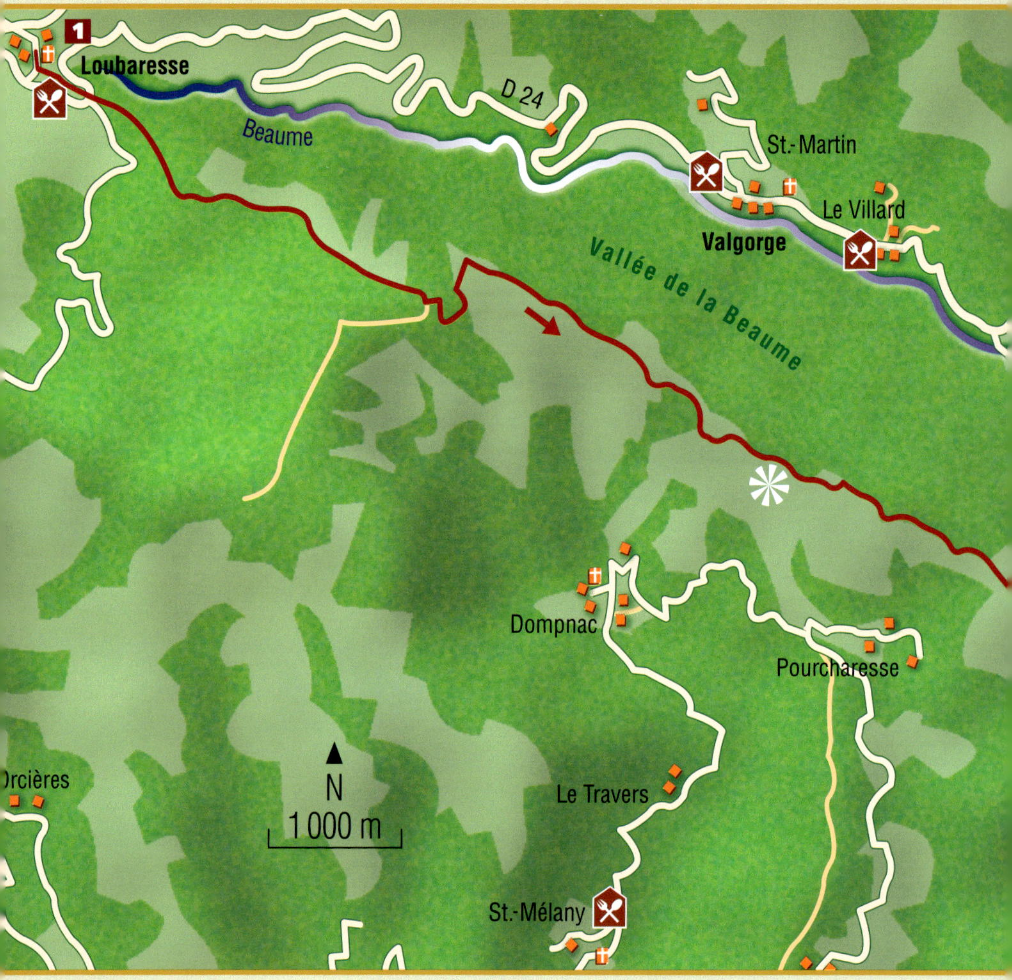

1 44°35'59.90"N 4° 3'0.02"E Von der **Kirche in Loubaresse** geht es zunächst die Straße nach unten aus dem Ort heraus. Nach einigen hundert Metern nimmt man den links abknickenden Fahrweg und hält sich an der nächsten Weggabelung wieder links. Eine sich verzweigende Straße quert man geradeaus auf einen Fahrweg, dem man nun über die Höhe etwa 3 Stunden folgt.

2 Den Fahrweg verlassen In einer scharfen Rechtskurve geradeaus einen schmalen Pfad absteigen. Der Weg führt nun hinunter nach **La Roche**. Zwischen den Häusern folgt man dem Wegweiser zur **Pont du Gua**, kreuzt die Straße und geht weiter den kleinen Pfad gegenüber bergab.

Fernblick bis zu den französischen Alpen

3. Tag von Loubaresse nach Le Gua

Um die nächsten Häuser herum biegt der Weg halbrechts ab und führt unter der Straße durch eine „Unterführung". An der nächsten Straße angekommen, diese einige Meter leicht ansteigen und den links abknickenden Pfad nach unten nehmen. In der bald erreichten Straßenkurve geradeaus weiter dem Pfad folgen. Die nächste Straße queren, das Chambre d'hôte **La Petite Cour Verte** ist nach links ausgeschildert. Weiter geradeaus gehen, vorbei am Abzweig zum **Sentier botanique** (s. auch Tour 12, Seite 66). Etwas unterhalb führt der Weg nach rechts und dann in Serpentinen abwärts nach **Le Gua**. Von der Brücke nach rechts liegt das schöne Café/Restaurant **La Boucharade**.

5,5 Stunden
14 km • 40 HM

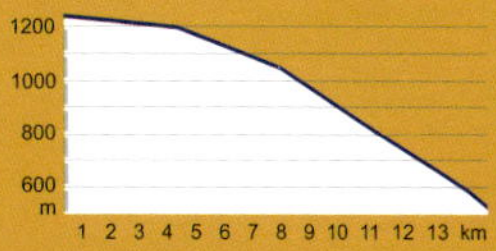

Schwierigkeitsgrad
▶ **Mittel,** 700 HM abwärts.

Wegmarkierung
Durchgängig sehr gut gelb-

rot als **GRP Tour du Tanargue** markiert.

Wanderkarte
2838 OT LARGENTIÈRE
Topografische Wanderkarte Frankreich, 1:25 000 – GPS
EAN: 9782758543169

Einkehr/Unterkunft
▶ **Café/Restaurant La Boucharade**

Route du Tanargue
Le Gua, 07110 Sanilhac
Telefon 04 75 39 20 57 oder 06 77 92 58 42
Wunderschönes, an der Beaume gelegenes Restaurant.

▶ **Chambres d'hôtes La Petite Cour Verte**
La Roche, 07110 Beaumont
Telefon 04 75 39 58 88
Gästehaus mit Wellness- und Sportangeboten (z. B. Canyoning, Fliegenfischen etc.).

▶ **Hôtel/Restaurant Le Sentier des Arches**
Le Gua, 07110 Beaumont
Telefon 04 75 39 44 09
Im Kastanienhain gelegen, mit toller Schwimmstelle.

▶ **Gîte d'étape de l'église Loubaresse**
07110 Loubaresse,
Telefon 04 75 88 99 38

▶ **Auberge Le Pégan**
07110 Loubaresse
Telefon 04 75 88 96 48

Tour 1 GR de Pays Tour du Tanargue

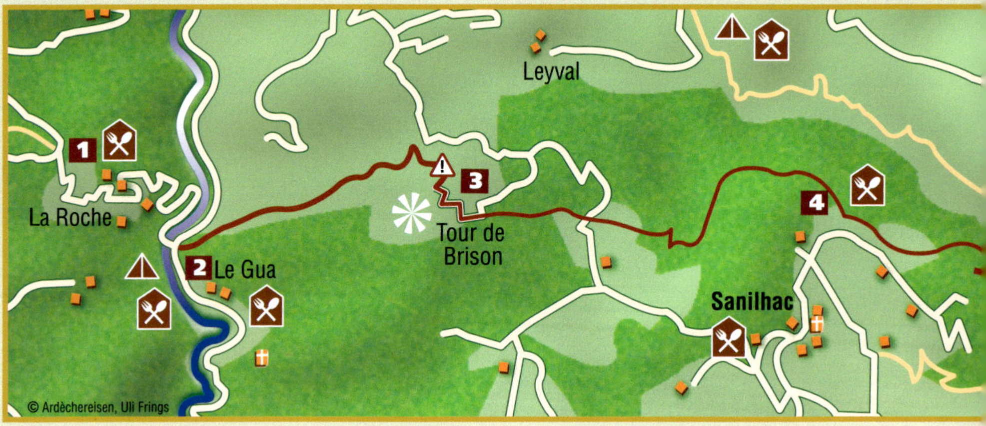

1 44°32'32.18"N 4°11'27.79"E Der 4. Tag der Tour du Tanargue beginnt an der Bogenbrücke **Pont du Gua**. Unterhalb befindet sich eine traumhafte Schwimmstelle, an der Straße einige hundert Meter nach rechts befindet sich das wunderschöne und sehr gute Café/Restaurant **La Boucharade**.

2 Badestelle und Café

Von der Brücke geht man ein Stück nach rechts, auf der anderen Straßenseite beginnt der Pfad hoch zum **Tour de Brison**. Zunächst überquert man nach links einen schmalen **Betonsteg**, hält sich danach einige Meter im Fels rechts und steigt nach links steil in Serpentinen aufwärts. Bald führt der Weg etwas moderater ansteigend über einen Berggrad (keine ausgesetzten Stellen!) bis **nach 2 km scharf rechts** ein mit **Largentière** ausgeschilderter Abzweig kommt. Hier geht es nun das letzte Stück hoch zum Sarazenenturm Tour de Brison (siehe auch Tour 13 auf Seite 68). Vor allem die letzten 100 m sind nicht ganz einfach, da der Weg recht steil über das Schiefergestein geht. Bei Nässe ist es hier sehr rutschig. Bei klarem Wetter hat man oben angelangt fantastische Rundblicke.

3 Panoramablicke

Auf der Rückseite des **Tour de Brison** führen Treppenstufen nach unten. Auf der Straße nach links gehen und und kurz darauf links in einen schmalen, vom Regen stark ausgewaschenen Pfad absteigen. Man kreuzt mehrfach die Straße und erreicht den Ort Brison. Auf der Straße vorbei an rechts liegenden Häusern, teils Ruinen, teils renoviert, erreicht man eine Querstraße. Hier links abbiegen und nach etwa 50 m nach rechts einen schmalen Pfad abwärts nehmen. Diesem ein Stück folgen, bis scharf links ein Weg abbiegt. Zunächst über eine Wiese. Wenn er als Fahrweg rechts abbiegt, hält man sich leicht links geradeaus entlang des Weinfeldes. Am Ende geht es über Schieferfelsen halblinks in einen Waldpfad. Durch ein kleines Bachtal erreicht man kurz darauf einen Fahrweg, dem man nach links folgt. Der Schotterweg geht in eine Straße über, die unterhalb des Hotels **La Bastide de Sanilhac** entlang führt.

Pont du Gua

4. Tag von Le Gua nach Largentière

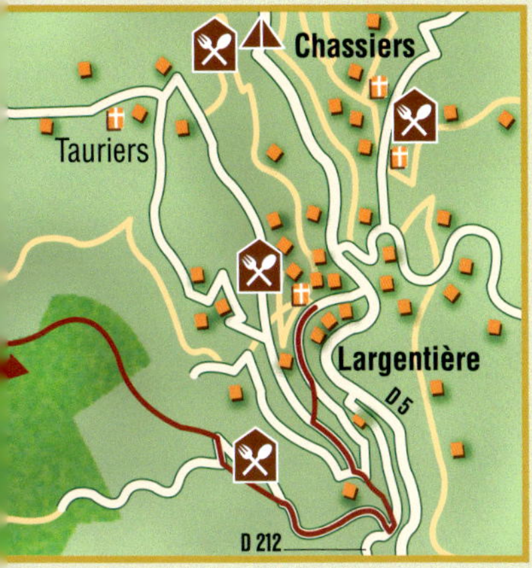

4 Einkehrmöglichkeit

Beim Ort **Laval** führt fast geradeaus ein schmaler Pfad langgezogen abwärts ins **Roubreau-Bachtal**. Der erreichten Straße folgt man, vorbei am **Hôtel/Restaurant Domaine de l'Eau Vive** durch das Bachtal bis zur Durchgangsstraße. Hier ein kurzes Stück nach links und noch vor dem Viadukt in die nächste Straße links einbiegen (Wegweiser **Largentière 1,3 km**). In der nächsten Linkskurve nach rechts den Pfad steil ansteigen. Wieder auf der Straße leicht links geradeaus Richtung **Coupe** halten. Der Straße 400 m folgen und dann rechts abbiegen (Achtung: die Markierung ist nur einige Meter vorher an einem Mast zu sehen). Der Weg führt nun links an einem Haus vorbei und, mit **tollen Blicken auf Largentière** auf einem alten Maultierpfad abwärts. Bei einer Hauszufahrt geht man ein Stück nach links und dann wieder rechts abbiegend nach unten. Auf der Straße nun nach links, vorbei am Friedhof bis zur Kirche. Der Straße weiter nach unten in den Ort hinein bis zum Place du Marché folgen. Nach links liegt das **Office de Tourisme**, die mittelalterlichen Gassen von Largentière lohnen einen Rundgang, siehe auch Seiten 70/71.

Aussichtspunkt am Tour de Brison

5 Stunden

12 km • 510 HM

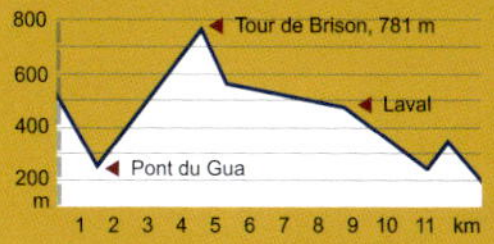

Schwierigkeitsgrad

▶ **Mittel bis schwer,** die letzten Meter hoch zum Tour du Brison sind sehr steil und bei Nässe rutschig.

Wegmarkierung

Durchgängig sehr gut gelb-

rot als **GRP Tour du Tanargue** markiert.

Wanderkarte

2838 OT LARGENTIÈRE
Topografische Wanderkarte
Frankreich, 1:25 000 – GPS
EAN: 9782758543169

Einkehr/Unterkunft

▶ **Café/Restaurant La Boucharade**
Route du Tanargue
Le Gua, 07110 Sanilhac
Telefon 04 75 39 20 57 oder
06 77 92 58 42
Wunderschönes, an der Beaume gelegenes Café.

▶ **Hôtel/Restaurant Le Sentier des Arches**
Le Gua, 07110 Beaumont
Telefon 04 75 39 44 09

▶ **Auberge de la Tour de Brison**
La Chapelette
07110 Sanilhac
Telefon 04 75 39 29 00
Eines der besten Hotels und Restaurants der Umgebung.

▶ **Hôtel/Restaurant La Bastide de Sanilhac**
Haut Laval
07110 Sanilhac
Telefon 04 75 39 28 27
Gutes Essen und traumhafte Ausblicke von der Terrasse.

▶ **Hôtel/Restaurant Domaine de l'Eau Vive**
Le Roubreau
07110 Largentière
Telefon 04 75 89 20 53
Sehr schöne Lage im Bachtal des Roubreau.

Rezept Salade ardéchoise Salat nach Art der Ardèche

Dieser Salat vereint die besten Produkte der Ardèche und zeigt deren Vielfalt und Qualität.

Zutaten
Salat nach Wahl
Walnüsse
Gekochte Esskastanien
Schwarze Oliven
Junger Ziegenkäse
Speckwürfel (Lardons)
Geräucherte Entenbrust oder angebratene Geflügelleber
Wachteleier
Olivenöl
Essig
Salz
Frisch gemahlener Pfeffer
Kastanienhonig

Zubereitung

Salatblätter auf einem Teller ausbreiten, darüber schwarze Oliven, Walnüsse und Kastanien geben. Dazu jungen Ziegenkäse, angebratene Speckwürfel und geräucherte Entenbrust legen. Die Krönung bilden als Spiegeleier gebratene Wachteleier. Die Vinaigrette mit zwei Teilen Olivenöl, einem Teil Essig, Salz, Pfeffer und einer Messerspitze Kastanienhonig anrühren.

Rezept Feuilletés au chèvre Ziegenkäse in Blätterteig

Zutaten
Blätterteig
Ziegenfrischkäse
Bleu d'Auvergne
Sahne

Zubereitung

Den Blätterteig in gleich große Stücke schneiden und auf ein gebuttertes Backblech legen. Ziegenfrischkäse darauf legen und den Blätterteig an den Ecken hochklappen, Ränder miteinander verkneten, mit Eigelb bestreichen und bei 180 Grad Umluft in ca. 20 Min. goldbraun backen. Währenddessen Sahne mit Blauschimmelkäse aufkochen und einige Minuten eindicken lassen. Die Sahnesauce auf tiefe Teller geben und die Teigtaschen hineinsetzen.

Der Bleu d'Auvergne ist ein besonders schmackhafter Blauschimmelkäse aus Kuhmilch, der in der nordwestlich von der Ardèche gelegenen Region Auvergne hergestellt wird.

Rezept Pâté de campagne Fleischpastete mit Kastanien

Zubereitung

Zwiebeln und Knoblauch in feine Würfel schneiden und mit den Kräutern in reichlich Olivenöl kurz andünsten. Das Rindergehackte und die Leber mit Sahne und Eiern (am besten in der Küchenmaschine) zu feinem Mus verarbeiten. Den weißen Speck fein würfeln. Alles mischen, Cognac und die ganzen Esskastanien dazugeben. Salzen und mit frischem Pfeffer aus der Mühle abschmecken. Eine Pastetenform mit dem Frühstücksspeck auskleiden und die Enden überhängen lassen. Mit der Fleischmasse füllen und die Speckenden darüberklappen. Darauf Lorbeerblätter und einen Rosmarinzweig legen. Die Form wird mit einer gebutterten Alufolie abgedeckt und gart im Wasserbad bei 160 Grad im Backofen gut eineinhalb Stunden. Die Pâté dann für mindestens einen Tag in den Kühlschrank stellen.

Zutaten

500 g Rinder- oder Wildschweingehacktes
250 g weißer Schweinespeck
250 g Schweineleber
10 Scheiben Frühstücksspeck
200 g vorgekochte Esskastanien
2–4 cl Cognac
2 Eier, Olivenöl
1/2 Becher süße Sahne
Kräuter: Thymian, Rosmarin, Salbei, Lorbeerblätter
2 Zwiebeln
2–4 Knoblauchzehen
Salz, Pfeffer aus der Mühle

Rezept Fromage blanc avec courge Quark mit Kürbis

Zubereitung

Den Kürbis halbieren, Kerne entfernen (Hokkaido-Kürbisse können mit Schale weiterverarbeitet werden). Den Kürbis in Stücke schneiden und in einem Topf mit Olivenöl anbraten. Einen Schuss Apfelsaft dazu geben, in ca. 20 Min. weich kochen und abkühlen lassen. Mit einem Pürierstab und weiterem Apfelsaft zu einer glatten, dünnen Crème verarbeiten, mit Cayenne-Pfeffer und Chili scharf würzen. Die Gurke in möglichst kleine Stücke schneiden und mit dem Quark und etwas Salz vermischen. Nacheinander Gurkenquark und Kürbis in ein Glas füllen, kalt stellen.

Zutaten

500 g Fromage blanc (Quark)
1 kleiner Kürbis (Hokkaido)
1/2 Salatgurke
Apfelsaft
Cayenne-Pfeffer
Chili-Flocken
Salz
Olivenöl

Variante: Nehmen Sie im Sommer statt Kürbis einfach reife Netzmelonen. Das Fruchtfleisch der Melonen roh (ohne Apfelsaft) pürieren, ansonsten gleiches Rezept.

Rezept Fromage de chèvre aux châtaignes

Ziegenkäse-Kastaniencrème

Zubereitung

Ziegenkäse, Kastanien, Basilikum, Petersilie und Knoblauch mit reichlich Olivenöl und dem Saft einer Zitrone im Mixer oder mit dem Pürierstab zu einer glatten Masse verarbeiten und mit Salz und Pfeffer abschmecken. Als vegetarische Vorspeise mit frischem Baguette servieren oder als **Variante** je einen Teelöfel der Creme in Frühstücksspeck einrollen.

Zutaten
400 g Ziegenfrischkäse
200 g gekochte Esskastanien
10 Blätter Basilikum
1 Bund Petersilie
1 Knoblauchzehe
Olivenöl, Zitronensaft
Salz, Peffer aus der Mühle

Rezept Tapenade noire **Schwarze Olivenpaste**

Zutaten
150 g entsteinte schwarze Oliven
40 g Kapern
2–3 Sardellenfilets (Anchovis)
1 kleine Knoblauchzehe
Thymian
Pfeffer aus der Mühle
Olivenöl
Baguette

Tapen, was auf okzitanisch so viel wie „Kaper" bedeutet, hat dem Gericht seinen Namen gegeben. Okzitanisch, frz. occitan, ist eine galloromanische Sprache, die im südlichen Drittel Frankreichs von höchstens noch 2–3 Mio. Menschen gesprochen wird, zumeist aber nur im privaten Umfeld.

Zubereitung

Oliven mit Kapern, Anchovis, Knoblauch, viel Thymian und etwas Olivenöl pürieren, mit Pfeffer abschmecken. Zum Apéritif oder als Vorspeise mit frischem Baguette eine Köstlichkeit.

Rezept Soufflé aux épinards Spinatsoufflé mit Steinpilzen

Zubereitung

Etwa 800 g frischen Blattspinat waschen und grob hacken, kurz kochen bis er zerfallen ist, gut ausdrücken. Vier Eier trennen, Eigelb unterrühren, kräftig salzen und pfeffern, die Eiweiße steif schlagen und locker unterheben. Ein Backblech mit Backpapier auslegen, dieses mit Parmesan bestreuen und die Masse für das Spinatsoufflé darauf streichen (also ein „flaches" Soufflé). Für ca. 20 Min. bei 200 Grad in den Backofen schieben. Wenn sie fest und goldbraun geworden ist, herausnehmen und etwas abkühlen lassen. Währenddessen getrocknete Steinpilze (Menge nach Belieben, ca. zwei Handvoll) eine halbe Stunde einweichen. Eine klein gewürfelte Zwiebel anbraten, Steinpilze mit Einweichwasser dazu (das gibt viel Geschmack, oft aber leider auch etwas Sand, evtl. durch eine Filtertüte abgießen) und 10 Min. einköcheln lassen. Kräftig salzen und pfeffern. Derweil 250 g jungen Ziegenkäse mit etwas Sahne verrühren, das macht den Ziegenkäse streichfähiger. Den Käse auf dem Spinatsoufflé gleichmäßig verstreichen und die Pilzmasse darauf verteilen. Jetzt das Ganze vorsichtig aufrollen (geht leichter, als man im ersten Moment denkt). Die noch warme Rolle in Scheiben schneiden (oder kalt servieren, schmeckt auch sehr gut). Über die Scheiben nochmals etwas Parmesan streuen. Dazu passt sehr gut Rucolasalat und etwas Balsamikoreduktion.

Zutaten

800 g frischen Blattspinat (TK ca. 400 g), getrocknete Steinpilze, 250 g junger Ziegenkäse oder auch Frischkäse, Parmesankäse, 4 Eier (getrennt), 1 Zwiebel. Salz, Peffer aus der Mühle, Olivenöl, Balsamikoreduktion, Rucola.

Die Weine der Ardèche und des Rhônetals

In der Region Ardèche gibt es zwei große Weinanbaugebiete:
Côtes du Rhône und **Côtes du Vivarais** bzw. **Vin de Pays des Côteaux de l'Ardèche**.
In den **Kooperativen** der Ardèche bekommt man preiswerte regionale Weine: z. B. Cabernet-Sauvignon, Merlot, Syrah, Gamay, Chablis oder auch alte, schon bei den Römern bekannte Rebsorten wie Chatus. Echte Spitzenweine gibt es hier nicht, aber mittlerweile einige Weingüter, die ausgezeichnete Bioweine produzieren, z. B. die **Domaine Arsac** in Saint-Jean-le-Centenier oder das Weingut **Château de la Selve** in Grospierres.

Hervorragende Rot- und Weißweine wachsen auch im Rônetal. Zum Département Ardèche gehören die Appellationen **Saint-Joseph**, **Cornas** und **Saint-Péray**. Wer schwere tanninreiche Rotweine und feine trockene Weißweine liebt, sollte auf dem Heimweg parallel zur Autobahn an der Rhône entlang fahren und einige der Winzer zum Testen aufsuchen – es lohnen z. B. die Kooperative **St.-Désirat** (St. Joseph) oder der Winzer **Alain Vogé** in St-Péray/Cornas.

Eine Übersicht über die Rhône-Weine:

Châteauneuf-du-Pape
Die hochstehendste Appellation im südlichen Rhônetal. Es werden kräftige und lagerfähige Weine produziert. Die Weine erreichen normalerweise ihre beste Trinkreife zwischen 6 und 12 Jahren und sind 10–20 Jahre lagerfähig, bei guten Jahrgängen auch bis zu 30 Jahre.

Gigondas
Die zweitbeste Appellation im südlichen Rhônetal. Es werden vor allem Rotweine produziert. Sie sind meistens ab 2–3 Jahren trinkbar und erreichen ihre beste Reife nach 5 bis 10 Jahren.

Vacqueyras
Dies ist die jüngste Appellation im Rhônetal, gegründet 1990. Sie produziert hochstehende Weine auf fast dem gleichen Niveau wie Gigondas. Die Trinkreife ist normalerweise nach 3 bis 10 Jahren erzielt.

Côtes-du-Rhône-Villages
Diese Weine sind kurz lagerfähig, bis auf Ausnahmen, die man bis 12 Jahre lagern kann. Oft werden diese auch im Eichenfass ausgebaut.

Côtes-du-Rhône
Dieses Gebiet ist mit Abstand das größte und produziert einfache, nur selten lagerfähige Weine. Ganz jung getrunken enthalten sie meistens noch viel Säure, einige können sich nach Jahren aber zu sehr runden, guten Weinen entwickeln.

Côte-Rôtie
Es werden nur Rotweine aus Syrah und Viognier (max. 20 %) produziert.
Die Weine sind teilweise 20–40 Jahre lagerfähig.

Saint Joseph
Rotweine aus 100 % Syrah und Weißweine aus Roussanne und Marsanne. Die Rotweine sind elegant, fein, mittelkräftig und bis ca. 15 Jahre lagerfähig. Die Weißweine sollten eher jung getrunken werden.

Hermitage
Zusammen mit dem Côte-Rôtie wohl der beste Wein des nördlichen Rhônetals. Die Roten sind tanninreich, extrem aromatisch und entwickeln nach 5–10 Jahren, bei guten Jahrgängen erst nach 20 Jahren, ein reichhaltiges und komplexes Bouquet. Die guten Jahrgänge sind 30–40 Jahre haltbar!

Cornas
Körperreiche Rotweine werden hier in der Nähe von Valence produziert. Sie sind trinkfertig nach frühestens 3 Jahren. Es können aber auch 10 Jahre sein, bis ein Cornas voll ausgereift ist. Sie bestechen durch intensiven langen Abgang.
Im kleinen Weingut von Alain Vogé in St-Péray/Cornas kann man wohl einen der besten Rhône-Weine probieren.

Saint-Péray
Es werden ausschließlich Weißweine aus den Rebsorten Roussanne und Marsanne blanche hergestellt. Der Schaumwein Saint-Péray Mousseux stellt mittlerweile ca. 60 % der Weinmenge des Gebiets dar, er gehört zu den besten Frankreichs.

Meine Restauranttipps

Besonders viele Restaurants gibt es rund um das Massif du Tanargue nicht. Um so erstaunlicher ist es, wie gut und abwechslungsreich man hier in den Bergen essen kann. Selbst in einfachen Wanderunterkünften (Gîte d'étapes) wird man beim abendlichen Table d'hôte oft kulinarisch überrascht. Neben traditionellen Gerichten wie Caillettes (Leberfrikadellen mit Mangold) oder Daube (s. Seite 60) gibt es mittlerweile in vielen Restaurants auch ungewöhnliche Gerichte wie Brennesseltartes, Wildkräutersalat mit Blüten oder auch Gerichte mit arabisch/algerischem Einschlag.

Sehr gute Restaurants

1 Hôtel und Auberge de la Tour de Brison
07110 Sanilhac
Telefon 04 75 39 29 00
Wunderschöne Aussicht, etwas traditionelle Küche, aber auf sehr hohem Niveau. Als Dessert „Pâtisserie" bestellen, der Wirt ist gelernter Konditor!

2 Ferme Auberge La Bola
Le Fabre, 07110 Laboule
Telefon 06 18 42 20 88
Hervorragendes mariniertes Lammfleich mit viel frischem Bio-Gemüse. Man sitzt fantastisch mit Fernblicken auf der Außenterrasse.

3 Auberge La Clède
Le Village, 07110 Chassiers
Telefon 04 75 39 14 35
Abwechslungsreiche, raffinierte Küche: Roquefort-Flan, Auberginenkaviar, das sieben Stunden bei niedriger Hitze gegarte Lamm ist umwerfend.

4 Hôtel/Restaurant Le Chêne Vert
Rocher, 07110 Largentière
Telefon 04 75 88 34 02
Gehobene ausgefallene Küche mit ardéchoisen und provenzalischen Gerichten.

5 Hôtel/Restaurant Les Galapians
2 Place du Charbonnel
07110 Vinezac
Telefon 04 75 36 91 66
Im sehenswerten „Village de caractère" Vinezac befindet sich das erstklassige Restaurant in schönen hellen Räumen einer ehemaligen Burg aus dem 17. Jahrhundert. Moderne regionale Bio-Küche mit viel Salat und Gemüse, ein echter Tipp auch für Vegetarier.

6 Café/Restaurant La Boucharade
Le Gua, 07110 Beaumont
Telefon 04 75 39 20 57
Wunderschönes, an der Beaume gelegenes Restaurant mit großer Außenterrasse. Sehr gute, abwechslungsreiche und preisgünstige Gerichte mit vielfältigen Gemüsebeilagen.

7 Le Bouche à Oreille
Rue de la Recluse, Grand Rue
07260 Joyeuse
Telefon 04 75 36 61 35
Sehr nettes kleines Restaurant mit wechselnden Tagesmenüs, z. B. gebackener Ziegenkäse mit Kräutern und Lasagne mit Steinpilzen.

8 Les Ranchisses
am Campingplatz vor Largentière
Telefon 04 75 88 31 97
Trotz der Nähe zum Campingplatz schönes und gutes Restaurant mit Gewölbesaal und Außenterrasse an der Ligne.

9 Auberge Le Bez
07590 Borne
Telefon 04 66 46 60 54
Ländlich, bäuerliche Gerichte, aber allein die hausgemachte Charcuterie oder die Sahne aus Milch der eigenen Kühe lohnen den Ausflug.

10 Resto-Bistro L'Épisode de Laboule
Le Village, 07110 Laboule
Telefon 04 75 37 83 37
Neues schönes Restaurant mit kreativ zubereiteten ardéchoisen Spezialitäten, z. B. eine wunderbare Kastaniensuppe mit Safran.

Weitere gute Einkehrmöglichkeiten

Hôtel de l'Europe
07260 Joyeuse
Telefon 04 75 39 51 26
Hier treffen sich die Handwerker zum Mittagessen. Deftige, aber sehr preiswerte Tagesmenüs und Holzofenpizza.

Hôtel/Restaurant Le Tanargue
Le Village, 07110 Valgorge
Telefon 04 75 88 98 98
Italienisch inspirierte Küche mit viel Pasta. Und, in Frankreich selten: eine große Auswahl italienischer Weine.

Die Nummern 1 - 10 geben die Position in der Übersichtskarte auf Seite 10/11 an.

Bar Cham du Cros
07110 Rocles
Telefon 04 75 88 36 18
Der Wirt macht eine fantastische Pizza und leckere Salate, z. B. Chèvre chaud.

Restaurant U Castellu
Le Chateau, 07110 Joannas
Telefon 04 75 37 67 33
Sehr schön im alten Schloss gelegen.

La Calèche
4 Place du Mal Suchet, 07110 Largentière
Telefon 06 10 32 23 07
Neben preiswerten Tagesmenüs auch einige ausgezeichnete À-la-carte-Gerichte.

Hôtel/Restaurant La Bastide de Sanilhac
Haut Laval, 07110 Sanilhac
Telefon 04 75 39 28 27
Gutes Essen und traumhafte Ausblicke von der Terrasse.

Auberge Le Pégan
07110 Loubaresse
Telefon 04 75 88 96 48
Kleines Restaurant im Bergdorf Loubaresse mit einer wunderbar bäuerlichen Küche.

Auberge de Peyre
07140 Saint-Pierre Saint-Jean
Telefon 04 75 36 97 17
Großes Gasthaus an der Durchgangsstraße D 4 in den Bergen. An schönen Wochenenden mittags von Ausflüglern gut besucht. Preiswerte ländlich/deftige Menüs.

Restaurant/Café Au Bon Port Chez Yette
Le Chambon, 07260 Saint-Mélany
Telefon 04 75 35 20 27
Typisch ardèchoise Gerichte, z.B. **Caillette de châtaigne**, eine „Frikadelle" mit Kastanien und Mangold.

Auberge de Thélème
Place de l'Église, 07110 Beaumont
Telefon 04 75 39 43 08
Sehr schöne Lage im Bergdorf Beaumont.

Bar, Restaurant La Cueille
07260 Ribes
Telefon 04 75 39 82 49
Der neue Treffpunkt im hoch über der Beaume gelegenen Weinort Ribes.

Le Ver O Tof
1 ruelle Adrienne Bressac, 07110 Chassiers
Telefon 04 75 93 26 75
Einfache Gerichte wie Burger am Dorfplatz unterhalb der Kirche Saint-Hilaire.

Gute Restaurants in Aubenas

Le Bistrot de Manon
8 Place de la République
07200 Aubenas
Telefon 04 75 35 28 42
Es lohnt sich, mittags zu reservieren, kurz nach 12 Uhr ist das kleine Restaurant schnell „complet" und das aus gutem Grund. Der überaus freundliche Wirt und Koch bereitet exzellente und doch günstige Tagesmenüs.

L'Aubépine
13 Boulevard Jean Mathon
07200 Aubenas
Telefon 04 75 35 01 28
Die jungen Pächter bieten eine erstklassige abwechslungsreiche und moderne Küche, vor allem die Fischgerichte sind fantastisch.

Notes de Saveurs
16 Rue Nationale
07200 Aubenas
Telefon 04 75 93 94 46
Man sitzt etwas oberhalb vom Dôme Saint-Benoît mit sehr schöner Außenterrasse.

Les Coloquintes
Quai de l'Ardèche
Quartier Pont d'Aubenas
07200 Aubenas
Telefon 04 75 93 58 33
Sehr gute saisonal wechselnde Menüs, im Gewölberaum einer ehemaligen Seidenfabrik oder auf der schattigen Außenterrasse.

Tipps für den Restaurantbesuch in Frankreich

- In französischen Restaurants wird man „gesetzt", man wartet also, bis die Bedienung kommt und einen Tisch zuweist. In Cafés und Bistros dagegen sucht man sich seinen Platz selbst.
- Auch wenn es in vielen Wörterbüchern noch so steht: Rufen Sie den Kellner **niemals** „garçon" (wörtlich: „Junge"), es könnte ein Abend mit schlechter Bedienung werden. Den Kellner spricht man mit „Monsieur" an, die Kellnerin je nach deren Alter mit „Madame" oder „Mademoiselle". Das in Deutschland verpönte „Fräulein" ist in Frankreich bei jüngeren Frauen (noch) absolut korrekt.
- Beim Bezahlen der Rechnung rundet man nicht auf, um ein **Trinkgeld** (pourboire) zu geben, sondern lässt sich das Rückgeld herausgeben. Das Trinkgeld legt man dann vor dem Verlassen des Lokals auf den Tisch.

Uli Frings

Seit 1985 bereist der gebürtige Bonner **Uli Frings** immer wieder Südfrankreich, vor allem die **Ardèche-Region**. Im Jahr 2006 macht er seine Leidenschaft, Wandern und Kochen, auch zu seinem Beruf. Uli veranstaltet **Wanderreisen** in Südfrankreich und lebt seit 2009 in einem kleinen Bergdorf der Ardèche. Weitere **Wander- und Reiseführer** von Uli Frings zur **Ardèche**, den **Cevennen**, **Marseille**, **Katalonien** und der **Provence** sind im Buchhandel oder unter **www.ardechereisen.de** erhältlich (siehe Seite 101).

Ardèche-Gruppenreise

Neben den Individualwanderungen veranstaltet Ardèchereisen auch Gruppenreisen. Zu Terminen im

Frühjahr und Herbst bietet Uli eine Woche mit 6 geführten Wanderungen an. Dazu besuchen wir Biobauern, machen einen Ausflug zu den **Gorges de l'Ardèche** und besichtigen die Nachbildung der **Grotte**

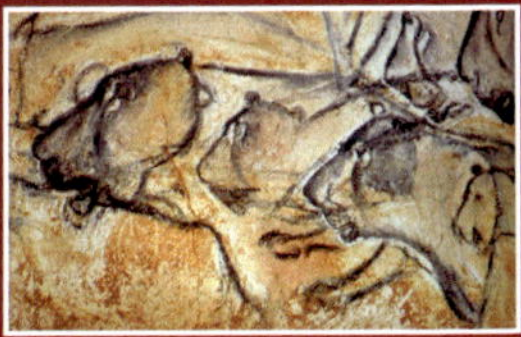

Chauvet mit 36 000 Jahre alten Höhlenzeichnungen. Verpflegung und Wein sind im Preis enthalten. Abends kocht Uli Mehrgangmenüs mit leckeren Spezialitäten aus der Ardèche-Region. Mit 6–12 Teilnehmern sind die Gruppen angenehm klein. 8 Tage mit 7 Übernachtungen kosten im Doppelzimmer 745 € je Person. Alle Infos unter **www.ardechereisen.de**

Streckenrundwanderung

„Die wilden mediterranen Berge der Ardèche"

Ardèchereisen bietet eine wunderschöne 8-tägige individuelle Streckenwanderung am Fuß des Massif du Tanargue an. Die Wanderungen sind so zusammengestellt, dass die Tagesetappen 3,5 bis 6 Stunden betragen und damit für jeden mit etwas Wandererfahrung gut zu laufen sind. Das Gepäck wird transportiert, sodass Sie bequem mit einem Tagesrucksack wandern können. Jeden Abend erwarten Sie erstklassige Unterkünfte mit guten Menüs aus der vielfältigen Küche der Ardèche.
Preis im Doppelzimmer ab 785 € je Person.
Alle Infos unter: www.individuell-wandern.de

FORUM ANDERS REISEN

Ardèchereisen ist Mitglied im Verband **ForumAndersReisen**. Die Mitglieder streben eine nachhaltige Tourismusform an, die langfristig ökologisch tragbar, wirtschaftlich machbar sowie ethisch und sozial gerecht ist. Ardèchereisen ist darüber hinaus **CSR-Tourism-certified**.
www.forumandersreisen.de und **www.tourcert.org**

TRAVEL FOR TOMORROW TourCert CERTIFIED

Tour 2 Das wilde Tal der Borne

1 44°36'53.50"N 4° 0'54.99"E

Von **Valgorge** aus windet sich die **D 24** in Serpentinen hoch bis **Loubaresse**. Vorbei am Abzweig der **D 403** geht es in der nächsten scharfen Rechtskurve auf Höhe von Loubaresse, kurz nach der Ziegenfarm **links ab** (siehe auch die **Karte auf Seite 34**). Auf sehr schmaler, aber noch gut befahrbarer Piste geht es nun in teilweise sehr engen Kurven hinunter zum **Bach Borne** und nach der Brücke hoch zum Ort. Am Ortseingang befindet der Parkplatz auf der linken Seite.

Es ist auch möglich schon oberhalb der Ansiedlung **Le Mas de Truc** zu parken. Vor der scharfen Rechtskurve gibt es eine kleine Parkstelle. Vom **Parkplatz in Borne** aus geht es noch ein Stück die Straße hoch und dann nach links unterhalb des Ortes entlang. 100 m weiter biegt links der **GR 72** auf schmalem **weiß-rot markierter Pfad** ab und führt, zunächst etwas geröllig, abwärts. Mehrere Bäche werden gefurtet bis man nach 1,8 km zu einem Abzweig mit Wanderwegweiser gelangt. Geradeaus geht der GR 72 weiter Richtung **St.-Laurent-les-Bains**. Man biegt hier aber **scharf links** auf den nun

2 Scharf links abbiegen

gelb-rot markierten Pfad ab. Über einen Bach und eine kleine Brücke hinweg erreicht man eine Ansiedlung. Hier baut eine Landkommune unter erschwerten Bedingungen (keine Straßenzufahrt) den ehemals verlassenen Ort **Conches** wieder auf und betreibt Landwirtschaft. Zwischen den Häusern und

3 Landkommune

Ruinen biegt der Weg **scharf rechts** ab. An einer Schafweide entlang erreicht man nach links eine Brücke über den **Bach Borne**

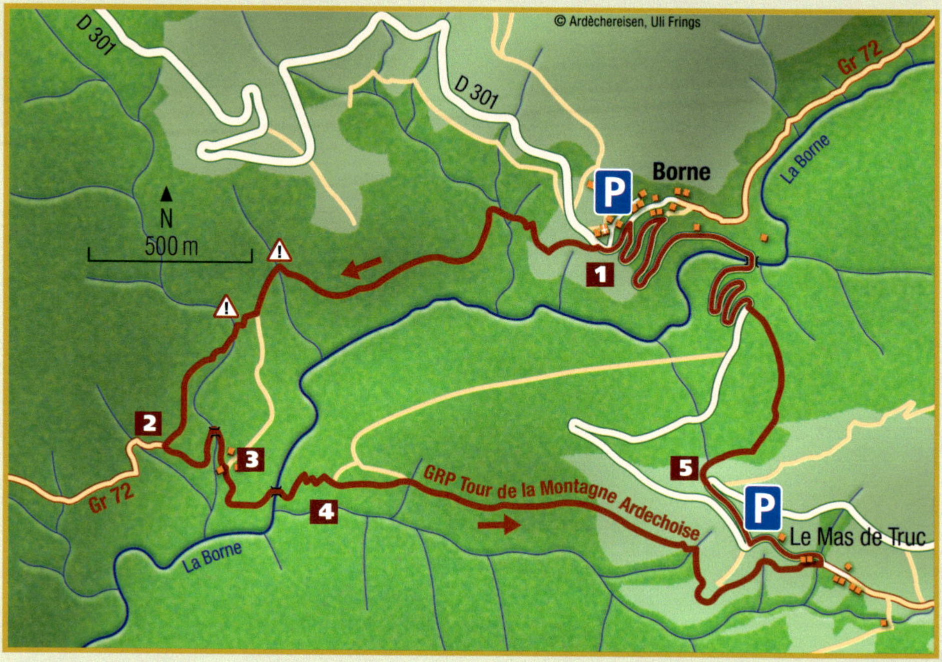

Im 12. Jahrhundert wurde in Borne eine Zisterzienserabtei gegründet. Der rechteckige Turm (Donjon) wurde während des Hundertjährigen Krieges (1337 bis 1453) gebaut.

(hier tolle **Schwimmstelle**). Auf der anderen Bachseite steigt der Pfad dann kräftig an. Oben erreicht man die **Seilwinde**, mit der das Baumaterial an einem **Stahlseil** auf die andere Talseite befördert wird. Von links oben kommt ein breiterer Weg, die letzte Zufahrtsmöglichkeit zum Ort **Conches**. Man hält sich aber **geradeaus**, auch an einem Abzweig vorbei, weiter auf dem schmalen Pfad. Eine Schotterpiste wird erreicht, der man nach rechts fast **2 km** leicht aufwärts folgt. Zunächst geht es durch Wald, später durch Ginster und Heidekraut entlang von Viehweiden bis man bei der Ansiedlung **Le Mas de Truc** zu einer Straße gelangt. Hier hält man sich nach links aufwärts, ausgeschildert mit **Borne 3,2 km** und **weiß-gelb markiert**. Man nimmt dann die kleine Durchgangsstraße nach rechts hinauf. Vor einer scharfen Rechtskurve, an einem Wanderwegweiser folgt man dem schmalen Pfad links abwärts Richtung **Borne 2,5 km**. Nach 650 m erreicht man wieder die Straße und geht abwärts und nach der **Borne-Brücke** aufwärts zurück zum Parkplatz.

4 Transportseil

5 Nach links abwärts

Blühendes Heidekraut im Juli.

3 Stunden

8 km • 510 HM

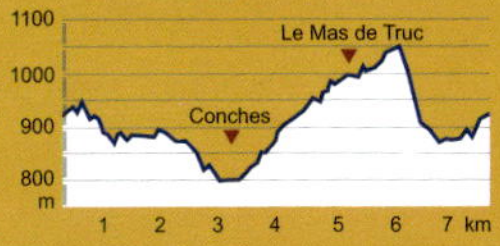

Schwierigkeitsgrad

- **Mittelschwer**
- Einige Bäche zu furten, Handtuch mitnehmen.

Wegmarkierung

Zunächst **weiß-rot** markiert für den **GR**, später **gelb-rot** (**GRP**).

Wanderkarte

2838 OT LARGENTIÈRE
Topografische Wanderkarte
Frankreich, 1:25 000 – GPS
EAN: 9782758543169

Einkehr/Unterkunft

- **Keine** Unterkunft oder Einkehrmöglichkeit in Borne oder unterwegs.

- **Gîte d'étape und Auberge Le Bez**
  07590 Borne
  Telefon 04 66 46 60 54
  Wanderherberge und Hotel mit leckerem Essen aus frischen regionalen Produkten.
- **Gîte d'étape de l'église, Loubaresse**
  07110 Loubaresse,
  Telefon 04 75 88 99 38
  Sehr nette bewirtschaftete Wanderherberge.
- **Auberge Le Pégan**
  07110 Loubaresse
  Telefon 04 75 88 96 48
  Kleines Restaurant mit einer wunderbar einfachen und bäuerlichen Küche.

Tour 3 Rund um das Bergdorf Loubaresse

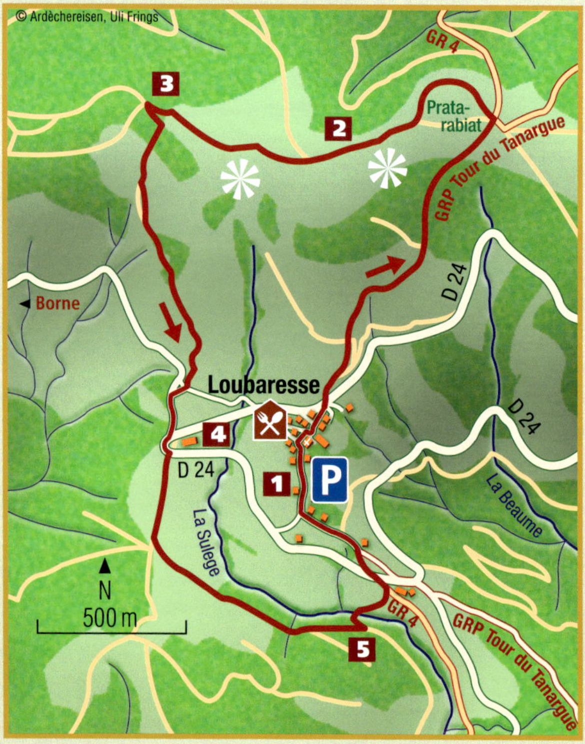

1 44°35'55.55"N 4° 3'0.89"E Von **Valgorge** aus windet sich die **D 24** in vielen Serpentinen hoch bis **Loubaresse**. Nach rechts in den Ort abbiegen. Noch ein Stück unterhalb der Kirche befinden sich auf der rechten Seite die Parkplätze. Es geht nun leicht aufwärts Richtung Kirche. Rechts neben der **Auberge Le Pégan** den Weg hoch zur Kirche nehmen. Dort ein kurzes Stück nach rechts und dann nach links die Straße aufwärts gehen, ausgeschildert Richtung **Le Bez**. Ab hier der **weiß-roten Markierung** des **GR 4** folgen. Man quert die Durchgangsstraße und steigt direkt gegenüber kräftig an. Nach **1,1 km** erreicht man die Wegkreuzung **Pratarabiat** in 1 370 m Höhe.

2 Fernblicke Nun folgt man der **weiß-gelben Markierung** nach links Richtung **Borne 5,9 km**. Mit tollen Fernblicken (siehe Foto oben) geht es nun an einem Abzweig vorbei bis auf über 1 400 m Höhe. **Nach etwa 1,3 km**

3 Abzweig nach links

erreicht man einen Wanderwegweiser und biegt nach links Richtung **Loubaresse 1,4 km** abwärts ab. An einem etwas breiteren Schotterweg geht man ein kurzes Stück nach rechts und erreicht eine Wegkreuzung mit Wanderwegweiser. Nach links kann man abkürzen und zurück nach Loubaresse wandern. Der Rundweg führt aber weiter **nach rechts** Richtung **Loubaresse 2,2 km**. Die dann erreichte kleine Straße nimmt man abwärts bis zur Durchgangsstraße. Um die Kurve herum gehen, vorbei an einer Ziegenfarm direkt wieder nach rechts

4 Ziegenfarm

in den Weg einbiegen, weiterhin der **weiß-gelben Markierung** folgen. Am nächsten Abzweig nach links abbiegen und 800 m gerade-

Loubaresse liegt malerisch auf einer Hochebene in 1 250 m Höhe.

5 Scharf links abbiegen

aus halten. **Achtung:** nach **ganz scharf links** biegt ein unscheinbarer **weiß-gelb markierter** Weg ab. Dieser führt nun teilweise verwachsen durch ein Wiesengrundstück abwärts in ein kleines Bachtal. Den Bach queren und auf der anderen Seite auf schmalem Pfad aufwärts. Oben erreicht man wieder den **weiß-rot markierten GR 4** dem man **nach links** folgt, ausgeschildert mit **Loubaresse 0,7 km**. Man überquert die kurz darauf erreichte Straße und steigt den Pfad gegenüber an. Bei einem Holzhaus gelangt man wieder auf eine kleine Straße und folgt ihr nach links. Vorbei an einem Abzweig geht es aufwärts zurück zum Parkplatz.

Auberge Le Pégan

2 Stunden

5,7 km • 280 HM

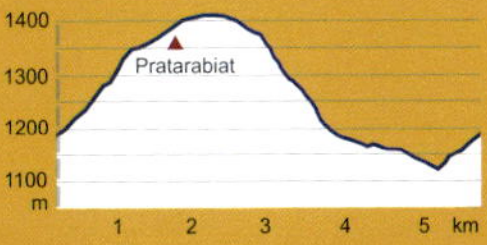

Schwierigkeitsgrad

▶ **Leicht**

▶ Keine besonderen Schwierigkeiten.

Wegmarkierung

Durchgängig **gelb-weiß** markiert, teilweise zusätzlich **gelb-rot**

oder **weiß-rot** markiert.

Wanderkarte

2838 OT LARGENTIÈRE
Topografische Wanderkarte
Frankreich, 1:25 000 – GPS
EAN: 9782758543169

Einkehr/Unterkunft

▶ **Gîte d'étape de l'église, Loubaresse**
07110 Loubaresse,
Telefon 04 75 88 99 38
Sehr nette bewirtschaftete Wanderherberge.

▶ **Auberge Le Pégan**
07110 Loubaresse
Telefon 04 75 88 96 48
Kleines Restaurant mit einer wunderbar einfachen und bäuerlichen Küche.

▶ **Gîte d'étape und Auberge Le Bez**
07590 Borne
Telefon 04 66 46 60 54
Wanderherberge und Hotel mit leckerem Essen aus frischen regionalen Produkten.

Sehenswert

▶ Oberhalb von Loubaresse liegt der Pass **Col de Meyrand (1 370 m)**, von hier hat man tolle Fernblicke.

Tour 4 Der Druidenweg rund um Valgorge

1 44°35'14.67"N 4° 7'33.33"E Aus Richtung **Largentière** die D 24 bis Valgorge fahren, hier hinter der kleinen Tankstelle nach links zum Parkplatz abbiegen. Nun ein Stück dem **gelb-rot markierten GRP Cevenol** Richtung **St. Mélany, Dompnac** folgen. Die Straße links hinunter und um die Kurve, an einem Abzweig weiter links halten und die Brücke überqueren. Nach der **Beaume-Brücke**

2 Parcours sportif rechts in den als Parcours sportif markierten Weg abbiegen. Diesem folgt man, zunächst auf breiterem Weg aufwärts, später nach rechts auf schmalem Pfad bis in den Ortsteil von **Valgorge St. Martin**. Unterhalb der Brücke gibt es

3 Schwimmstelle eine tolle Badestelle. Man erreicht die Straße, geht ein kleines Stück nach rechts und verlässt diese nach links auf einem schmalen Pfad (an der Straße nach

4 Einkehrmöglichkeit links liegt die Einkehrmöglichkeit **Auberge le Romarin**). Von dem Pfad bald rechts abbiegen und dem Weg durch zwei kleine Bachtäler folgen. Nach etwa

Die **Druiden** sollen eine Art kultische und geistige Elite in der keltischen Gesellschaft gewesen sein. Man nimmt an, dass sie um 300 v. Chr. aus Britannien nach Westeuropa (Gallien) gelangt sind und ein Bindeglied der sonst weitgehend voneinander unabhängigen keltischen Stämme darstellten. Die Verbreitung des Druidentums soll sich über die britischen Inseln und etwa das heutige Frankreich erstreckt haben. Die heutzutage vorliegenden Erkenntnisse stammen aus römischen und christlich-mittelalterlichen Quellen. Laut Cäsar waren die Druiden Angehörige der Adelsschicht, die sich dem Studium der Philosophie und Religion widmeten und in der keltischen Gesellschaft die Rolle des Priesterstands übernahmen. Neben den Vaten waren sie für den Opferdienst zuständig und wie diese übten sie auch mantisches Brauchtum aus. Zusätzlich waren sie aber auch Intellektuelle und galten als Philosophen, Astrologen, Rechtsgelehrte und Magier. Archäologisch ist das Druidentum nur schwer nachzuweisen. Gräber von Druiden konnten nicht überzeugend festgestellt werden, obwohl hin und wieder besondere Grabbeigaben Spekulationen über Personen mit „priesterlicher Funktion" auslösten. Von den Druiden selbst ist uns mit Ausnahme von wenigen Weiheschriften und Zaubertafeln sowie eventuell dem Kalender von Coligny nichts überliefert. Der Grund hierfür wird zumeist in dem von Cäsar berichteten Schriftverbot für die Inhalte ihres Glaubens gesehen. (Quelle Wikipedia)

1,5 km wird eine kleine Straße erreicht. Hier halblinks in den Pfad einbiegen, wieder durch ein Bachtal, bis man zu dem kleinen Ort Fraysse (ohne Ortsschild) gelangt. An der Straße ein Stück nach links halten und dann rechts auf einen kleinen Pfad abbiegen. Wenn dieser wieder auf die Straße trifft, geradeaus hinunter zurück zum Ausgangspunkt.

Absprungstelle für Gleitschirmflieger oberhalb von Valgorge

1,5 Stunden
4 km • 140 HM

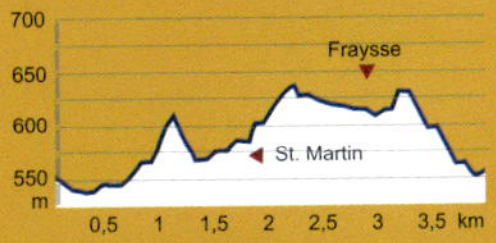

Schwierigkeitsgrad
▶ **Leicht**

Wegmarkierung
Gelb markiert als **Parcours sportif**. Nach dem Ortsteil St. Martin **gelb-weiß** markiert.

Wanderkarte
2838 OT LARGENTIÈRE
Topografische Wanderkarte Frankreich, 1:25 000 – GPS
EAN: 9782758543169

Einkehr/Unterkunft
▶ **Hôtel Le Tanargue**
Le Village, 07110 Valgorge
Telefon 04 75 88 98 98

▶ **Auberge Le Romarin**
Saint-Martin, 07110 Valgorge
Telefon 04 75 88 98 90

▶ **Chambre d'hôte L'Xpérience**
Saint-Martin, 07110 Valgorge
Telefon 04 75 87 24 94

▶ **Ferme Auberge La Bola**
Le Fabre, 07110 Laboule
Telefon 06 18 42 20 88

▶ **Resto-Bistro L'Épisode de Laboule**
Le Village, 07110 Laboule
Telefon 04 75 37 83 37

▶ **Épicerie Alimentation de la Beaume**
Le Village, 07110 Valgorge
Telefon 04 75 88 95 22
Di. bis Sa. 8 bis 12.30 Uhr und 16.30 bis 19 Uhr,
So. 8 bis 12.30 Uhr geöffnet.

In der Umgebung
▶ **Loubaresse (1 250 m)**, die Gemeinde liegt malerisch auf einer Hochebene (siehe Seiten 34/35).

▶ Schöne Fernblicke hat man vom Aussichtspunkt kurz unterhalb des **Col de Meyrand** (1370 m).

Zur Ernte der Esskastanie werden Netze unter den Bäumen ausgelegt. Wenn die Früchte reif sind platzt die stachelige Hülle auf und sie fallen vom Baum.
Die meisten Kastanienproduzenten der Ardèche haben keine teuren Maschinen, sondern sammeln sie in mühevoller Handarbeit aus den Netzen (siehe auch zum Kastanienmuseum Castanea die Seiten 58/59).

Tour 5 Yin-und-Yang-Weg (Le Tour de Laboule)

1 44°35'14.95"N 4° 9'54.58"E

Aus Richtung **Largentière** die D 24 bis zu dem kleinen Weiler **Salindre** nehmen, Richtung **Valousset** abbiegen, in **Valos** rechts abbiegen und bis nach **Laboule** fahren. Aus Richtung **Valgorge** kommt kurz nach dem Örtchen **Marette** der Abzweig nach Laboule. Vor der Kirche gibt es Parkplätze.

Von hier zurück zur Straße beginnt etwas nach rechts die Treppe aufwärts zwischen den Häusern die mit einem **Yin-und-Yang-Zeichen** markierte **Tour de Laboule**. Hinter dem Haus nach links die Straße nehmen und bald fast geradeaus auf schmalem Pfad weiter wandern. Diesem, **vorbei** an einem Abzweig **geradeaus** folgen. Nach 400 m erreicht man einen unscheinbaren Abzweig nach links hinunter. Nun geht es **sehr steil und geröllig** in Serpentinen abwärts bis zur Straße. Dieser nach rechts bis zum Ort **Les Abriges** folgen und an der ersten Straßengabelung rechts hochgehen. Vorbei an

einem Haus weiter geradeaus in einen unscheinbaren Waldpfad. Hier kann man das Wirken der Wildschweine gut erkennen, der Weg ist sehr zerwühlt und mit zahlreichen Steinen der zerstörten Bruchsteinmauern übersät. Dem Weg durch ein Bachtal folgen (nach starkem Regen dieses Stück besser über die Straße umgehen) und dann hoch zu den Häusern des kleinen Ortes **Le Rieu**. Der Straße links nach unten folgen, an zwei Ab-

2 Bachüberquerung

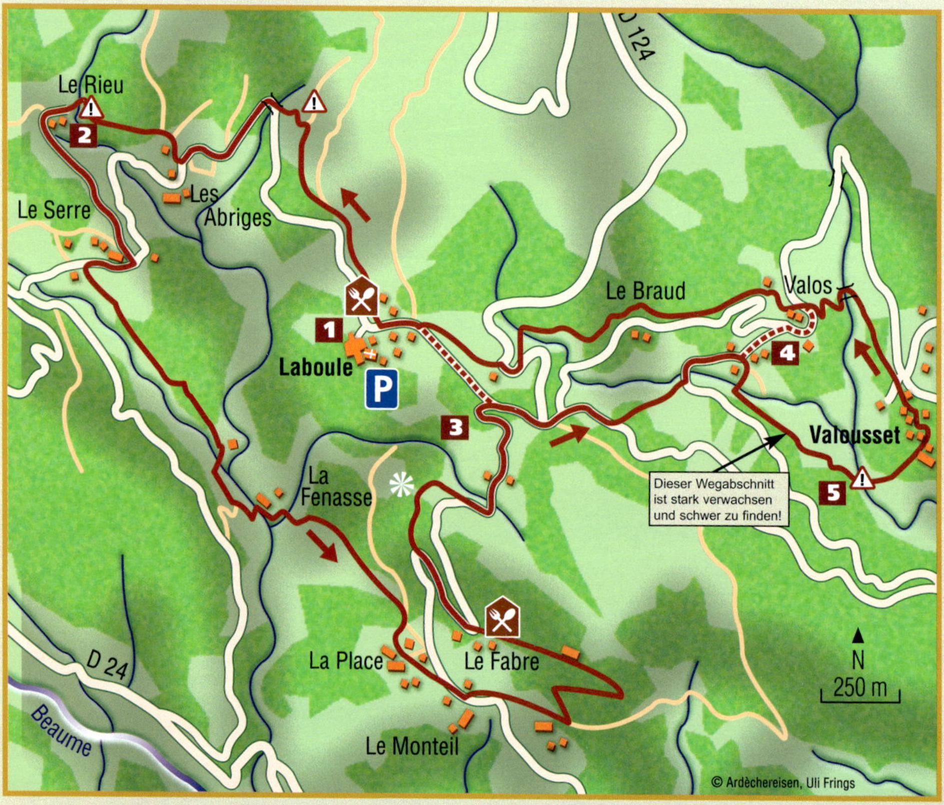

zweigen vorbei jeweils weiter nach unten. Man erreicht ein altes Waschhaus und geht geradeaus über die Straße, direkt links am Haus

entlang zur nächsten Straße. Dort nach rechts die Straße hinunter. Kurz nach der Kurve geht rechts der Weg nach Valgorge ab. Man bleibt aber noch 800 m geradeaus auf der Straße, bis scharf links ein Weg abzweigt. Kurz danach geht nach rechts ein stark verwachsener Pfad hinunter. Die letzten Meter vor dem dann erreichten Fahrweg sind oft sehr rutschig. Dem Fahrweg nach rechts folgen. Unterhalb einer Ziegen- und Schafsfarm über eine Brücke gehen, etwas den Weg ansteigen und nach rechts über einen Holzsteg. Immer weiter aufwärts gehen und mehrfach Querwege kreuzen. Man erreicht eine Straße und geht diese nach links. Am nächsten Abzweig zwischen den Häusern wieder links abbiegen. Ein Stück die Straße unterhalb der Häuser entlang. Bei der dann erreichten Straße noch ein Stück links aufwärts gehen und dann in einen Weg nach rechts abbiegen. Zunächst geradeaus, dann nach links, bis man an einem Haus wieder die Straße erreicht (oberhalb liegt eine Ziegenfarm). Der Straße abwärts folgen und in der Linkskurve geradeaus in einen Pfad abbiegen. Mit schönem Blick auf Laboule führt der Pfad durch den Ginster zur nächsten Straße. Dieser nun aufwärts folgen und am nächsten Abzweig rechts halten. Nach einigen hundert Metern zweigt links sehr unscheinbar ein Pfad ab. Dieser führt nun steil und teilweise schwer zu finden abwärts bis zur Straße nach Valos. Die Straße leicht aufwärts biegt der Yin-und-Yang-Weg nach einigen Häusern scharf nach rechts ab. In dem nun folgenden Wegstück bis unterhalb von Valousset **fehlt nun häufig die Markierung** und der Weg ist in sehr schlechtem Zustand. Daher ist die in der Karte eingezeichnete Abkürzung zu empfehlen. In Valos nach einer Kurve in die links abgehende Stichstraße abbiegen und kurz darauf nach rechts den Pfad aufwärts nehmen. An der nächsten Straßenkurve den Pfad geradeaus weiter aufwärts nehmen. Er zieht sich nun am Hang entlang und erreicht nach einiger Zeit eine Straße. Diese kurz nach rechts aufwärts und dann nach links in den Pfad einbiegen, der nun zurück zum Ausgangspunkt Laboule führt.

3 Abkürzung möglich

4 Abkürzung nehmen

4,5 Stunden

16 km • 530 HM

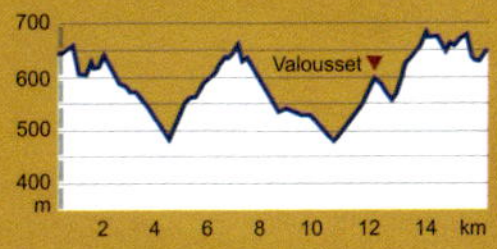

Schwierigkeitsgrad

- **Mittelschwer**
- Der Weg ist teilweise in schlechtem Zustand und stark verwachsen.
- Relativ viele, wenn auch wenig befahrene Straßenabschnitte.
- Bei Punkt **2** und **5** muss der Bach gefurtet werden. Nach starkem Regen u. U. unpassierbar!

Wegmarkierung

Yin-und-Yang-Zeichen, die Markierung ist kürzlich teilweise erneuert worden, trotzdem oft etwas schwer zu finden.

Wanderkarte

2838 OT LARGENTIÈRE
Topografische Wanderkarte Frankreich, 1:25 000 – GPS
EAN: 9782758543169

- **Poterie Isabelle René**
07110 Laboule
Telefon 06 01 18 32 96
Sehr schöne, bezahlbare Keramik. Tagsüber fast immer geöffnet.

Einkehr

- **Ferme Auberge La Bola**
Le Fabre, 07110 Laboule
Telefon 06 18 42 20 88
- **Resto-Bistro L'Épisode de Laboule**
Le Village, 07110 Laboule
Telefon 04 75 37 83 37

Tour 6 Massif du Tanargue über den Col du Merle

1 44°35'8.05"N 4°11'47.14"E Aus Richtung Largentière oder Valgorge die D 24 bis zu dem kleinen Weiler **Salindres** fahren und Richtung **Valousset** abbiegen. Nach etwa 2 km kommt im Taleinschnitt rechts vor der Brücke eine gute Parkmöglichkeit. Man folgt nun der **gelb-weißen Markierung** auf der Straße nach rechts aufwärts.

200 m nach einer Rechtskurve biegt links ein Weg ab, der durch das Bachtal hoch nach Valousset führt. An der Straße rechts und dann wieder links gehen. In der scharfen Kurve leicht links zwischen Haus und altem Brunnen ansteigen. Man erreicht, vorbei an einem grünlichen Holzhaus, **Valousset-haut** (den oberen Ortsteil). Nun nach rechts über die Kreuzung und geradeaus die Stichstraße (**Impasse des Mésanges**) nehmen. Nach einer Kurve (rechts Haus mit großem Garagentor) geht links der Wanderweg auf den **1 072 m hohen Col du Merle** ab. Die knapp 500 Höhenmeter überwindet man auf dem teilweise etwas steilen und vom Regen ausgewaschenen Pfad in ca. 1,5 bis 2 Stunden. Immer der weiß-gelben Markierung

2 Weiß-gelb markiert folgend, kann man sich bis oben kaum verlaufen. Zunächst geht es durch Kastanienwald, später durch dichten Ginster mit schönen Blicken auf Valousset. Wenn man den ersten Höhenzug geschafft hat, geht es ein Stück ohne Steigung um den Berg herum. Hier erreicht man einen Quellgrund mit Wiese. Es folgt noch eine kurze Steigungs, doch recht schnell ist der **Col du Merle** erreicht. Hier weht oft ein kräftiger Wind, also auch im Sommer eine Jacke nicht vergessen.

3 Gelb-rot markiert Jetzt nach rechts, immer der gelb-roten Markierung des **GRP Tour du Tanargue** folgen. Ein kurzes Stück den Fahrweg und dann den rechts abgehenden schmalen

Pfad nehmen. Nach wenigen Metern kommt nach rechts ein Abzweig, der als **dangereux** (gefährlich) markiert ist. Diesen **nicht nehmen!** Weiter am Hang aufwärts nochmals knapp 130 Höhenmeter steil hoch auf den **Cham du Cros (1 202 m)** und ab dort wieder abwärts gehen. Bei klarem Wetter hat man eine fantastische Sicht. Im Osten kann man

4 Fernblicke

die Alpen mit dem **Mont Blanc** sehen, etwas weiter südlich Richtung Provence den **Mont Ventoux**. Der Pfad zieht sich oben eine Weile durch den Ginster (siehe Titelbild) und geht dann immer leicht rechts haltend zunächst langsam, später steiler hinunter. Einen Abzweig rechts (Wegweiser nach Bouteillac) besser nicht nehmen, dieser Weg ist am Anfang sehr steil. Sondern weiter dem Weg geradeaus folgen, er biegt dann ohne weiteren Abzweig nach rechts ab und führt abwärts. Der Weg ist teilweise in schlechtem Zustand und von den Wildschweinen stark aufgewühlt. Unten auf dem breiten Fahrweg angekommen, geht es links nach Rocles (noch etwa 45 Min.) oder, wenn man nach rechts geht ist man in ungefähr einer Stunde wieder am Parkplatz.

5 Variante über Laboule

Vom **Col du Merle** aus geht ein einfacher zu laufender Rundweg über **Laboule**: Den breiten Fahrweg ganz links nehmen, der langsam weiter bergauf führt. Jetzt immer der gelb-roten Markierung folgen. Nach etwa einer Stunde kommt der Abzweig abwärts nach Laboule. Unten angelangt, folgt man nach links dem **Yin-Yang-Zeichen** über Valos wieder zurück nach Valousset (siehe Seiten 40/41).

In keiner Region Frankreichs gibt es so viele Wildschweine wie in der Ardèche. Die Nahrungsgrundlage ist durch die verwilderten Kastanienwälder optimal. Da die Wildschweine bei der Futtersuche Wege und Trockenmauern zerstören oder in einer Nacht ganze Felder umpflügen können, hat man sie offiziell zu Schädlingen erklärt, d. h. Wildschweine werden ohne jede Beschränkung gejagt. Beim Wandern zwischen September und April also rote Mütze nicht vergessen und von Jagdgesellschaften fernhalten.

5,5 Stunden
14 km • 745 HM

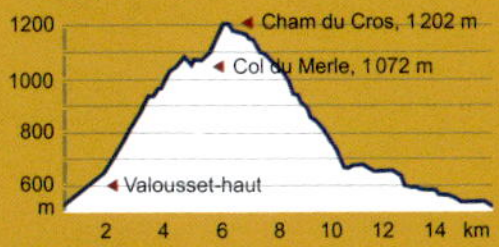

Schwierigkeitsgrad

▶ **Mittel bis schwer**

▶ Wegen der Länge der Wanderung und dem recht gerölligen Abstieg gute Kondition erforderlich.

▶ Ab Punkt **3** geht es ca. 130 HM steil aufwärts, aber **keine** gefährlichen (ausgesetzten) Stellen.

▶ Nicht bei Gewitterneigung gehen, Unwetter ziehen hier schnell heran.

Wegmarkierung

Weiß-gelbe Markierung bis zum Col du Merle, dann **gelb-rot** für den GRP Tour du Tanargue, später wieder der **weiß-gelb** und ab Laboule zusätzlich **Yin-und-Yang-**Zeichen.

Wanderkarte

2838 OT LARGENTIÈRE
Topografische Wanderkarte Frankreich, 1:25 000 – GPS
EAN: 9782758543169

Einkehr

▶ **Ferme Auberge La Bola**
Le Fabre, 07110 Laboule
Telefon 06 18 42 20 88
Hervorragendes mariniertes Lammfleich mit viel frischem Bio-Gemüse.

▶ **Resto-Bistro L'Épisode de Laboule**
Le Village, 07110 Laboule
Telefon 04 75 37 83 37

Sehenswert

▶ Die **Ginsterblüte** auf der Hochebene des Cham du Cros ab **Anfang Juni** ist einfach sensationell.

Das Leben in den Bergen der Ardèche vor fast 100 Jahren, Germain Derocles aus Valousset

Germain Derocles (†1992) hat in den 1970er Jahren im Alter von 65 Jahren der Tochter seiner Nachbarn vom Dorfleben in Valousset erzählt. Diese hat seine Erzählung für die Schule aufgeschrieben:

„Oh, der Berg hat sich völlig verändert. Als wir jung waren, war das Dorf noch nicht so tot wie jetzt. Die Holzschuhe klapperten auf dem Kopfsteinpflaster und hallten von den hölzernen Fußböden; man hörte überall die Stimmen von Menschen und von Tieren, ja wirklich, das Dorf lebte noch... Jetzt gibt es nur noch 17 Menschen, wo es doch früher ungefähr hundert waren. Jeder lebte von den Produkten seines Landes und diejenigen, die kein Land hatten, waren sehr arm und lebten als arme Schlucker. Sie arbeiteten für andere und wenn sie dazu nicht mehr in der Lage waren, lebten sie von der Barmherzigkeit anderer – falls sie keine Kinder hatten, die sich um sie kümmerten.

Blick von Valousset auf den Cham du Cros, am Hang die heute verwilderten Esskastanienplantagen.

Wir haben Familien gekannt, höher in den Bergen, die so arm waren, dass sie nicht einmal Betten hatten, um darin zu schlafen. Sie schliefen auf Gras oder auf Farnstreu. Das war wirklich elende Armut. Zum Glück hatten die meisten Menschen irgendetwas, wovon sie karg, aber anständig leben konnten.

Der Berg war in dieser Zeit noch gut versorgt; man muss sich vorstellen, dass jeder Grashalm seinen Platz hatte; kein einziger Brombeerstrauch hatte Zeit oder Platz zu wachsen. Auf den Hügeln des Bergs waren Äcker angelegt, Terrassen (Faïsses), die durch Steinmauern gestützt wurden – Steine, die unsere Vorfahren aus den großen Felsen zu brechen wussten. Sie bauten wahre Meisterwerke, völlig ohne Zement. Jede Terrasse wurde mit der nächsten durch kleine Treppen von höchstens 30 oder 40 Zentimetern Breite – um Platz zu sparen – verbunden. Zu dicke Menschen mussten sie seitlich herauf- oder heruntergehen, aber zu dicke Menschen gab es zu dieser Zeit auch nicht viele.

Jedes Stückchen Boden hatte seine Bestimmung, nichts lag brach, wenn es nicht zwingende Gründe dafür gab. Jeder Baum wurde auf eine Stelle gepflanzt, über die man lange nachgedacht hatte: mit Vorliebe an den Rand der Faïsses, um den Ackerbau nicht zu behindern. Dass das Pflücken der Früchte dadurch nicht einfacher wurde, nahm man in Kauf.

In den Feldern war damals kein Ginster und kein Farn zu sehen, während er heute alles erstickt und die Wege überwuchert, so dass man ohne Baummesser gar nicht mehr durchkommt. Früher holte man diese Pflanzen hoch oben von den Bergweiden und musste sogar dafür bezahlen. Aus Farn wurden Matratzen gemacht, Ginster brauchte man, um Feuer anzumachen, Licht zu geben oder Besen herzustellen. Bei uns zu Hause steckte meine Mutter einen Ginsterzweig an, wenn sie des Abends die Suppe auftrug. Wir mussten unsere vollen Teller leer essen, bevor der Ginsterzweig heruntergebrannt war – ansonsten musste man alleine im Dunkeln beim Schein des Feuers weiteressen oder aber den Rest der Suppe bis zum folgenden Morgen stehenlassen. Das heißt Sparen! Ginster war für die Beleuchtung nicht zu teuer, Öl aber wohl!

Die alte Kutsche von Germains Vater.

Die Arbeit als Fuhrmann

Mein Vater arbeitete als Fuhrmann für das Dorf. Er stand morgens um vier Uhr auf und zog mit den Mauleseln Richtung Largentière. Weil es bis zu unserem Dorf noch keinen Weg gab, ließ er den Wagen immer in unserer großen Scheune am Wegrand drei Kilometer vor dem Dorf zurück, das war dann der Endpunkt. Von da aus mussten die Waren auf dem Rücken eines Maultiers transportiert werden – für die, die es sich leisten konnten, oder auf dem Rücken eines Menschen, für die Allerärmsten. Aus unserem Dorf brachte mein Vater die wenigen Waren weg, die wir verkaufen konnten – ein bisschen Mehl, Wein, Gemüse, Geflügel oder Schweine, die einige Dorfbewohner zum Verkaufen mästeten. Aus der Stadt brachte er Produkte mit, die wir im Dorf nicht selbst herstellen konnten und die wir früher oder später doch kaufen mussten. Die wichtigste Fracht bestand aus verschiedensten Baumaterialien. Manchmal nahm er auch Passagiere mit, aber man durfte es nicht eilig haben, denn er hielt bei jeder kleinen Kneipe unterwegs an (und das waren so ungefähr fünfzehn), auf dem Hinweg ebenso wie auf dem Rückweg, einmal, um zu sehen, ob es etwas für ihn zu tun gäbe, aber auch, weil er unmöglich vorbeifahren konnte, ohne zu halten und ein „canon" (ein Gläschen) zu trinken. Es kam sogar vor, dass er den ganzen Tag schwer gearbeitet hatte und im Dunkeln nach Hause kam, und alles, was er verdient hatte, war vertrunken. Aber es zwangen ihn auch die Umstände dazu, es ging nicht anders, wenn man es jedem recht machen wollte.

Arbeit auf dem Hof

In all dieser Zeit arbeitete meine Mutter hart auf dem Bauernhof und wir halfen ihr, so gut wir konnten. Aber obwohl wir einen der größten Bauernhöfe der Gegend hatten, waren wir nicht reich. Wir, die Söhne, wollten nicht so wie unser Vater Fuhrmann werden, und so haben wir uns Ziegen und Schafe zugelegt. Mein Bruder war der Hirte und ich arbeitete mehr auf den Äckern.

„Fleisch gab es nur bei ganz besonderen Gelegenheiten, wir aßen vor allem Suppe, morgens, mittags, abends."

Ein Hirte für alle

Wir hatten ungefähr hundert Tiere, die jeden Tag gehütet werden mussten. Mein Bruder liebte es, mit den Tieren unterwegs zu sein, und er ist sehr früh von der Schule abgegangen, um nur für die Tiere da zu sein. Wir machten nicht mit bei dem Weidesystem des Dorfes, wo abwechselnd gehütet wurde – dazu hatten wir selbst zu viele Tiere. Aber das System war so interessant, dass ich euch davon erzählen werde:

In der Zeit, als es noch viele Schafe im Dorf gab, hatten wir einen Hirten, der sie nach oben auf die Weiden brachte, um dort zu „übersommern". Wenn die Herde loszog oder auch zurückkam, war das jedes Mal ein prächtiges Schauspiel. Alle Menschen aus dem Dorf brachten ihre Tiere zum steinernen Kreuz am Ende meines Weges. Jeder hatte die schönsten Tiere mit Wolle und roter Farbe geschmückt. Man hängte ihnen auch Glocken um. Manche

Familien hatten mehr als fünfzig Glocken – das war unsere Art von Luxus. Es gab nichts Schöneres, als zu sehen, wie diese Herde, so um die 1 000 bis 2 000 Tiere, sich in Bewegung setzte. Der Hirte blieb oben, bis der erste Frost einsetzte. Die Jüngeren aus dem Dorf brachten ihm abwechselnd sein Essen, oft barfuß, denn mit Holzschuhen lässt sich nicht gut klettern, und die guten Schuhe durften nicht verschlissen werden.
Als im Dorf immer weniger und immer ältere Menschen wohnten, wollten sie keinen Hirten mehr für ihre Tiere bezahlen. Da hat dann von jeder Familie einer jeweils abwechselnd das Hirtenamt übernommen. Wenn der diensttuende Hirte ein Signal hören ließ – er blies auf einem Kuhhorn – dann verließen alle Ziegen ihre Ställe und versammelten sich auf dem Dorfplatz, begleitet vom Geblaff der Hunde. Dieses rundum gehende Hirtenamt funktionierte in unserem Dorf so gut, weil hier die Menschen gut miteinander umgingen. Es gab viel Nachbarschaftshilfe. Wir haben immer noch ein System, das Städter nur erstaunen lassen kann: Wir haben z. B. einen Maulesel nur zur Hälfte oder zu einem Drittel. Warum sollten wir pro Familie ein Maultier haben, wenn man es genauso gut mit ein oder zwei Familien teilen kann? Wir brauchen es ja nicht ständig, und so werden die Kosten vermindert. Heute noch hat das Dorf ein halbes Maultier. So könnt ihr die Menschen hier auch darüber reden hören, dass sie ein halbes Schwein schlachten, was Städter sicher sehr komisch finden. Aber die meisten Menschen sind hier jetzt zu alt, um in einem Jahr ein ganzes Schwein zu essen, darum tun sie sich mit einem Nachbarn zusammen.

Brot backen im renovierten Backhaus von Germain.

Brot und Suppe

Brot wurde bei uns alle vierzehn Tage gebacken. Wir hatten unser eigenes Backhaus, aber im Dorf unten war nur ein Backofen für alle. Der Tag, an dem Brot gebacken wurde, war immer ein Ereignis. Im Ofen musste sehr früh Feuer gemacht werden, damit alle Brote für zwei Wochen gebacken werden konnten. Das Brot war unsere Grundnahrung. Die Frauen benutzten den Backofen außerdem, um Kuchen oder andere Leckereien zu backen. Es konnte passieren, dass der Ofen zu früh ausging, und weil man kein Holz verschwenden wollte, waren die Backwaren dann eben nicht ganz durchgebacken. Wir aßen vor allem Suppe, morgens, mittags, abends. Das war eine Bouillon, die man auf eine dicke Scheibe Brot goss. Manchmal wurde „bonbine" gemacht, das waren Kastanien in Milch oder Wein gekocht. In die Suppe kamen Graupen, Porree, große Stücke Speck und Gemüse der jeweiligen Jahreszeit.
Wir aßen auch Brot mit Speck und selbstgemachten Ziegenkäse, so sparten wir viel Geld. Getrunken haben wir nur den Wein aus unserem eigenen Weingarten, den „Clinton" von unveredelten Rebstöcken, mit einem ganz besonderen Geschmack. Man war der Meinung, dass Wasser unbekömmlich sei.

Germains Weinkeller.

Fleisch aßen wir nur bei ganz besonderen Gelegenheiten, obwohl wir Schafe und Ziegen besaßen. Oder es musste ein Tier geschlachtet werden, weil es sich ein Bein gebrochen hatte. Einmal im Jahr gab es auch einen Hahn, aber es brauchte einen besonderen Anlass, wie auch bei Kaninchen und Hühnern. Oft gingen wir zur Schule und hatten nur ein Stück Ziegenkäse, ein Stück Brot und ein paar gekochte Kastanien bei uns.

Kastanienernte

In der Zeit der Kastanienernte war unser Haus voller Fröhlichkeit, denn meine Eltern beschäftigten dann Menschen von der Hochebene, die noch ärmer waren als wir. Mädchen und Jungs kamen, um Kastanien zu sammeln und von den Schalen zu befreien. Sie schliefen im Heuschober, und abends war es sehr gemütlich und lustig. Auf Hochzeiten lief es trotzdem nicht oft hinaus, weil man die „pagels" (Menschen von der Hochebene) für rückständiges Volk hielt. Heute denkt man dies von uns.

Seidenraupenzucht

Eine wichtige Einkunftsquelle war die Seidenraupenzucht. Diese fand in fast allen Häusern in einem besonderen Zimmer statt, das man „Magnanerie" nannte. Seidenraupen sind nicht leicht zu züchten, da sie schon kleinsten Temperaturschwankungen gegenüber sehr empfindlich sind. Deshalb legten die Frauen die Eier in Leinensäckchen und trugen diese ein paar Wochen lang Tag und Nacht zwischen ihren Brüsten, bis die Raupen schlüpften. Von diesem Augenblick an wurden die Raupen in Stellagen auf frische Maulbeerblätter gesetzt und ernährten sich davon. Das Zimmer hatte in jeder Ecke eine Feuerstelle, und man musste gut auf das Feuer aufpassen, vor allem nachts, damit es immer zwischen 18 und 20 Grad warm blieb. Wenn die Kokons fertig ausgebildet waren, wurden sie an eine Seidenspinnerei verkauft. Dorthin gingen auch die Mädchen aus dem Dorf, um zu arbeiten.
Die ganze Gegend war bepflanzt mit Maulbeerbäumen: Die Blätter wurden als Futter für die Seidenraupen, aber auch als Trockenfutter für andere Tiere im Winter genutzt. Dann breitete sich eine Krankheit unter den Maulbeerbäumen aus, und so sind heute kaum noch Bäume übrig geblieben – dies war der Beginn des Niedergangs der Seidenraupenzucht.

Das Züchten von Seidenraupen war sehr mühsam, mit mancher Brut glückte es, mit anderer nicht – warum, wusste man nicht genau. Wenn alles gut ging, war es ein schöner Verdienst. "

(Germain zeigte danach seine Magnanerie, die noch gut erhalten ist. In den Ecken sind drei Feuerstellen und in der Mitte des Zimmers Gestelle, durch Pfeiler gestützt, die bis zur Decke reichen.)

Den vollständigen Text kann man lesen unter: www.ardecheferien.de/leben.html

Die Gestelle zum Füttern der Seidenraupen in der ehemaligen Magnanerie von Germain.

Tour 7 Wildwasser und Kastanienwälder

1 44°33'53.09"N 4°11'5.29"E Von **Largentière** die D 24 Richtung **Valgorge** nehmen. Am Abzweig in **La Parot** nach links Richtung **La Roche**, **Sarrabasche** und **Beaumont** über die Beaume-Brücke fahren und direkt danach rechts parken.

Nun den Pfad einige Meter nach rechts gehen. Man erreicht einen Wanderwegweiser und folgt diesem nach links Richtung La Roche und Beaumont. Der **gelb-weiß markierte Weg** erreicht bald eine Straße und geht direkt links gegenüber weiter aufwärts. Wenn man wieder auf eine Straße trifft, folgt man dieser ein Stück nach links aufwärts. Um eine Rechtskurve herum geht vor der nächsten Kurve der Pfad schräg links ab. Der Weg führt nun zunächst abwärts durch ein Bachtal mit kleiner Brücke. Beim Anstieg erreicht man einen **Point de Vue**, es lohnt der kleine Abstecher wegen der tollen Blicke ins Tal des Wildwasserflusses **Beaume**. Immer am Hang entlang gelangt man nach einiger Zeit zu einer kleinen Ansiedlung. Über zwei/drei Treppenstufen aufwärts und ein Stück nach links gehen. Direkt vor einem braunen Tor biegt man scharf rechts ab und steigt über Treppenstufen an. Zwischen den Häusern hindurch, am letzten Haus links halten und den ausgeschilderten Weg nach **La Roche** nehmen. Zwischen den Häusern erst links und direkt darauf rechts abbiegen. Hinter den Häusern den Weg links abwärts nehmen (Markierung hier schwer zu finden). Am nächsten Abzweig links weiter abwärts halten. Jetzt Vorsicht: Bald biegt **scharf rechts** ein steiler, gerölliger Weg ab, den man hinunter ins Bachtal geht. Unterhalb des Holzstegs über den Bach

2 Badestelle

gibt es eine kleine Badestelle, nicht groß genug, um richtig zu schwimmen, aber eine schöne Möglichkeit, um sich abzukühlen. Der Weg führt nun wieder aufwärts bis auf die Höhe. An einem Schild **Propriété privée** (Privatbesitz, der Durchgang ist aber erlaubt) erreicht man einen etwas breiteren Weg und geht nach rechts leicht aufwärts. Den kurz darauf erreichten Fahrweg nimmt man nach links abwärts. Vorbei an einem Abzweig nach rechts weiter geradeaus halten.

Unterhalb eines Hauses geht man durch ein **Viehgatter** (bitte wieder schließen). Der erreichten kleinen Straße folgen. Die Querstraße im Ort **La Roche** nach rechts aufwärts nehmen (hier ist ein 1,2 km langer Abstecher nach **Le Gua** möglich).

3 Einkehrmöglichkeit

Vorbei an der **Schule** und später am **Chambres d'hôtes Cour Verte** die Straße gehen. Nach der nächsten Kurve geht rechts ein Weg aufwärts. Man folgt nun ein Stück der hier **rot-gelb markierten Tour du Tanargue**. In einer Straßenkurve den Pfad geradeaus weiter aufwärts nehmen. Bei einer kleinen Straße geht man unterhalb eines Hauses ein Stück nach rechts und dann links aufwärts. Am nächsten Abzweig rechts halten und zwischen den Mauern weiter hinauf. Man passiert eine Unterführung unter der Straße hindurch und erreicht ein Haus, an dem man den Fahrweg kreuzt. Rechts vom Haus geht man geradeaus aufwärts und erreicht oberhalb einen Wanderwegweiser. Hier verlässt man die Tour du Tanargue und folgt nach rechts Richtung **Valgorge und La Parot** der **gelb-weißen** Markierung. Man nimmt den Weg bergab bis zu einer Straße, der man nach links folgt. Hinter der Kurve rechts auf einen Fahrweg abwärts abbiegen. Bald darauf zweigt nach links ein kleiner Pfad ab und führt recht steil nach unten ins Bachtal. Ein Steg führt über den Bach und der Weg zieht sich aufwärts bis zu einer Straße, der man nach rechts folgt. Nach einer Kurve beim Hinweisschild **Fontaine** (Quelle) den Pfad scharf links aufwärts nehmen. Der Weg führt durch ein kleines Dorf, und man folgt an der Straße dem Wegweiser nach links Richtung Valgorge. Die nächste Straße überqueren und durch den **Kastanienhain** gehen (Wegmarkierung hier nicht immer leicht zu finden). Man erreicht einen Bach mit etwas marodem Steg. Der Pfad zieht sich nun längere Zeit durch verwilderten Kastanienwald abwärts. Oberhalb der kleinen Ansiedlung **Chamary rechts halten** (Wanderwegweiser Richtung La Parot liegt hier etwas versteckt einige Meter links). Der schmale Pfad geht in einen breiteren Fahrweg über. Nach den Häusern am nächsten Abzweig nach **scharf links abwärts** zur Straße gehen (nicht weiter geradeaus!). Diese nach rechts nehmen und **150 m weiter, links abbiegen**. Der Straße nur noch wenige Meter folgen und dann nach rechts auf verwachsenem Pfad abwärts bis zu einem kleinen Bachtal. Der Pfad führt nach links bald wunderschön **oberhalb der Beaume** entlang zurück zum Ausgangspunkt. Hier befinden sich auf der anderen Seite der Beaume **gute Badestellen**.

Die Gorges de la Beaume mit Blick auf das Massif du Tanargue.

4 Badestellen

4 Stunden
12 km • 480 HM

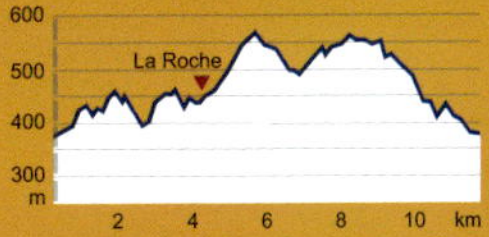

Schwierigkeitsgrad

▶ **Leicht bis mittelschwer**

▶ Keine besonderen Schwierigkeiten, aber teilweise schmale und etwas geröllige Pfade.

Wegmarkierung

Keine durchgehende Markierung, teilweise **gelb-weiß**

und später **gelb-rot** als Tour du Tanargue markiert.

Wanderkarte

2838 OT LARGENTIÈRE
Topografische Wanderkarte Frankreich, 1:25 000 – GPS
EAN: 9782758543169

Einkehr/Unterkunft

▶ Keine Einkehrmöglichkeit unterwegs.

▶ **Café/Restaurant**
La Boucharade
Route du Tanargue
Le Gua, 07110 Sanilhac
Telefon 04 75 39 20 57 oder 06 77 92 58 42
Wunderschönes, an der Beaume gelegenes Café (eingezeichneter Abstecher).

▶ **Hôtel/Restaurant**
Le Sentier des Arches
Le Gua, 07110 Beaumont
Telefon 04 75 39 44 09

▶ **Chambres d'hôtes**
La Petite Cour Verte
La Roche
07110 Beaumont
Telefon 04 75 39 58 88

Tour 8 Bergdörfer und verwunschene Bachtäler

1 44°33'44.91"N 4°12'55.10"E Man fährt von der D 24 in **La Croix de Rocles** ab nach **Rocles** und ganz durch den Ort durch. Vorbei an der Kirche gibt es oberhalb eine Parkmöglichkeit.

Nun geht man zurück zur Kirche und biegt hinter ihr scharf rechts in den **gelb-weiß markierten** Weg ab. Der Weg führt vorbei am Friedhof, biegt dann nach links ab und führt durch ein Bachtal zur Straße. Hier nach rechts die Straße hinauf, die hinter einem Haus in einen Fahrweg übergeht. Diesen nun bis oben ansteigen. An der erreichten Ruine rechts abbiegen und oberhalb des Gewächshauses den Pfad nach links nehmen. Der Pfad führt zunächst leicht auf und ab durch den Kastanienwald und dann nach rechts abbiegend vorbei an einem etwas verfallenem Wegkreuz abwärts zum romantischen „Hameau" (Weiler) **Leyval**. Auf der hier endenden Straße aus

Der kleine Ort Leyval

dem Ort hinaus gehen und nach einigen hundert Metern vor einer Ruine nach rechts in den gelb-weiß markierten Pfad abbiegen.

2 Picknickplatz Dieser Pfad führt nun hinunter zum **Bach Leyval**. An der Stelle, wo ein weiterer Bach von oben kommt, gibt es einen traum-

haften Picknickplatz! Der Weg führt weiter bis zur Straße, der man ein Stück nach rechts über die Brücke folgt, bis links ein Pfad Richtung **Joannas** abgeht. Diesen ansteigen, über einen erreichten Fahrweg geradeaus hinweg und dann nach links den Fahrweg nehmen. Wenn man eine Straße erreicht, geradeaus ein Stück Straße gehen, bis man die **gelb-rot markierte Tour du Tanargue** erreicht, der man nach links abwärts folgt. Nach rechts kann man einen Abstecher in den Ort Joannas machen z. B. zur Auberge im alten Château.

3 Bachüberquerung

In den Pfad einbiegen, der durch ein Bachtal (nach starkem Regen muss man u.U. Schuhe und Strümpfe ausziehen) und dann wieder hoch zur Straße führt. Die Straße hoch und dann ein Stück nach rechts. Auf der linken Straßenseite kommt der Abzweig nach **La Grangette**, hier die Straße hoch, die später in einen Schotterweg übergeht. Auf der Höhe angelangt folgt man der erreichten Straße nach links. Um eine Kurve herum sieht man zwei Bogenbrücken über den Bach. Man biegt links ab und geht über die erste Brücke und dann gerade-

Anfang Mai stehen die wilden Narzissen in den Wiesen der Bachtäler in voller Blüte

aus hoch zur Straße, der man nach links folgt. Nach etwas über 500 m biegt die Straße zwischen Häusern leicht links ab. Hier geht hinter dem rechten Haus nach links ein kleiner Pfad ab, der hinter dem Haus entlangführt. Zwischen den Häusern durch und wieder ein Stück die Straße weiter. Man erreicht einen Wanderwegweiser und folgt dem Schotterweg einige Meter nach rechts **Richtung Laboule**, dann links in den kleinen Pfad abbiegen und bald kräftig ansteigen. Wieder auf einem breiteren Fahrweg angekommen, verlässt man den GRP Tour du Tanargue und biegt nach links in Richtung **Le Jal** und **Rocles** ab. Dem

4 Gite d'étape

Weg durch einen Kastanienhain folgen. Nach einigen hundert Metern abwärts, erreicht man das schöne Gîte d`étape du Jal. An diesem vorbei die Straße hinab. Wenn man die D 24 erreicht, liegt links die Bar Cham du Cros, in der man

5 Bar Cham du Cros

u. a. gute Salate und eine fantastische Holzofenpizza bekommt. Gegenüber geht die Straße nach Rocles ab und nach 200 m biegt rechts im Wald ein Pfad ab, ausgeschildert mit **Église**, der zurück zur Kirche von Rocles führt.

4 Stunden

12 km • 470 HM

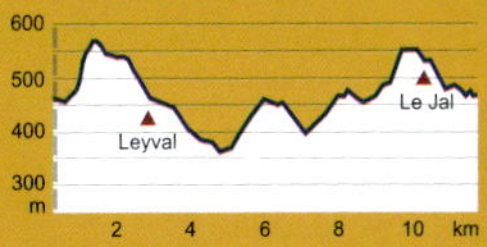

Schwierigkeitsgrad

▶ **Leicht bis mittelschwer**

▶ Keine besonderen Schwierigkeiten, aber teilweise schmale und etwas geröllige Pfade.

Wegmarkierung

Keine durchgehende Markierung, teilweise **gelb-weiß** und später **gelb-rot** als Tour du Tanargue markiert.

Wanderkarte

2838 OT LARGENTIÈRE
Topografische Wanderkarte Frankreich, 1:25 000 – GPS
EAN: 9782758543169

Einkehr/Unterkunft

▶ **Bar Cham du Cros in Rocles,** der Wirt macht eine fantastische Pizza, leckere Salate und Galettes.
Telefon 04 75 88 36 18.

▶ **Gîte d'étape du Jal**
Le Jal, 07110 Rocles
Telefon 06 70 73 31 36
Sehr freundliche Wanderherberge mit Chambres d'hôtes und dem ersten **Öko-Gîte** (Ferienhaus) der Ardèche.

▶ **Restaurant U Castellu**
Le Château, 07110 Joannas
Telefon 04 75 37 67 33

▶ **Campingplatz Le Roubreau** mit Snack-Bar
Telefon 04 75 88 32 07

▶ **Campingplatz La Marette** mit Snack-Bar
Telefon 04 75 88 38 88

▶ **L'Epicerie au Fournil à Rocles**
Öffnungszeiten s. Seite 15.

▶ **Ferienhäuser in der Nähe von Rocles:**
www.ardecheferien.de

Tour 9 Rund um Rocles über Le Perrier und Leyval

1 44°33'44.91"N 4°12'55.10"E

Man fährt von der D 24 in **La Croix de Rocles** ab nach Rocles und ganz durch den Ort durch. Vorbei an der Kirche gibt es oberhalb eine Parkmöglichkeit. Rechts von dem Fahrweg, der von der Kirche wegführt, geht ein **gelbweiß markierter** Wanderweg aufwärts **Richtung Tour de Brison und Le Perrier**. Wenn die Straße erreicht wird, dieser nach links folgen. An einer Straßengabelung links halten, weiter aufwärts gehen. Bald danach den Waldpfad, der nach links aufwärts geht, nehmen. Man gelangt wieder auf die Straße, die man rechts weiter aufwärts bis auf die Höhe nimmt. Nun biegt man nach links in den Ort **Le Perrier** ab.

2 Fernblicke

Von hier kann man bei klarem Wetter bis zum **Mont Ventoux** blicken. Weiter der Straße an einem Abzweig vorbei um eine Rechts- und eine Linkskurve abwärts folgen. Am letzten Haus führt ein Pfad scharf nach links von den Häusern weg und zieht sich wunderschön 1 km durch den Kastanienwald. An einer Ruine vorbei errreicht man den kleinen Ort **Leyval**. Hier **entweder geradeaus** oberhalb der Häuser bleiben, **oder** dem markierten Weg durch den Ort folgen: rechts abbiegen, unten nach links zwischen den Häusern hindurchgehen und noch vor der Straße am Wegweiser **Richtung Rocles** den zunächst betonierten Pfad nach links aufwärts nehmen. Fast auf der Höhe

Die Ginsterkatze (Genetta) ist eine vorwiegend afrikanische Gattung der Schleichkatzen mit rund zehn Arten. Nur eine Art lebt, als einzige Schleichkatze überhaupt auch auf europäischem Boden, die Kleinfleck-Ginsterkatze. Außer in Spanien und Portugal findet man die unter Naturschutz stehende Ginsterkatze auch in den Bergen der Ardèche. Sie ist nachtaktiv und äußerst scheu, so dass man sie nur sehr selten zu Gesicht bekommt.

3 Wegkreuz

geht es vorbei an einem alten, leider mittlerweile etwas verfallenem Wegkreuz. Hier macht der Pfad einen Linksbogen und führt mit wenig Auf und Ab durch den Kastanienwald, bis man ein Privatgrundstück erreicht.

Winterlicher Blick auf das Massif du Tanargue, im Vordergrund Le Perrier

Etwa auf der Höhe des Gebäudes das renoviert wird, geht man nach **scharf links** in den Forstweg, der in Serpentinen nach unten führt. Der Weg geht in eine Straße über. In der Rechtskurve nach links den Pfad durch ein Bachtal und dann aufwärts, vorbei am Friedhof, zurück zur Kirche nehmen.

Vor allem auf den Wanderungen rund um Rocles und Joannas findet man am Wegesrand oft den Erdbeerbaum. Die immergrünen Bäume oder Sträucher sind eine Pflanzengattung aus der Familie der Heidekrautgewächse. Die kugeligen, orange-roten mehligen Früchte sind zwar genießbar, roh sollte man aber nur wenig davon essen. Besser man verarbeitet die Früchte zu Marmelade oder Gelee.

2 Stunden

6 km • 220 HM

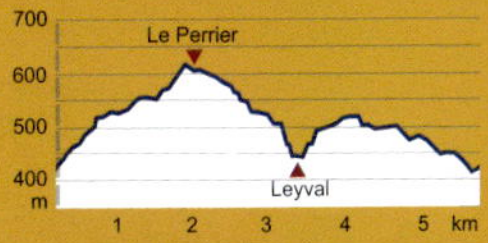

Schwierigkeitsgrad

▶ **Leicht**

▶ Keine besonderen Schwierigkeiten, aber teilweise schmale und etwas geröllige Pfade.

Wegmarkierung

Durchgängig **gelb-weiß** markiert.

Wanderkarte

2838 OT LARGENTIÈRE
Topografische Wanderkarte Frankreich, 1:25 000 – GPS
EAN: 9782758543169

Einkehr/Unterkunft

▶ **Bar Cham du Cros in Rocles,** der Wirt macht eine fantastische Pizza, leckere Salate und Galettes.
Telefon 04 75 88 36 18.

▶ **Gîte d'étape du Jal**
Le Jal, 07110 Rocles
Telefon 06 70 73 31 36
Sehr freundliche Wanderherberge mit Chambres d'hôtes und dem ersten **Öko-Gîte** (Ferienhaus) der Ardèche.

▶ **Restaurant U Castellu**
Le Château, 07110 Joannas
Telefon 04 75 37 67 33
Sehr schön im Schloß gelegenes Restaurant.

▶ **Campingplatz Le Roubreau** mit Snack-Bar
Telefon 04 75 88 32 07

▶ **Campingplatz La Marette** mit Snack-Bar
Telefon 04 75 88 38 88

▶ **L'Epicerie au Fournil à Rocles**
Telefon 04 69 22 68 59
Öffnungszeiten s. Seite 15.

▶ **Ferienhäuser in der Nähe von Rocles:**
www.ardecheferien.de

Tour 10 Der Siebentälerweg rund um Joannas

1 44°34'2.44"N 4°15'8.78"E

Aus Richtung **Largentière** die D 24 bis zum oberhalb von **Joannas** gelegenen Ort **Le Travers** fahren und dort nach links zum ausgeschilderten Geschäft **Le Mas Saint Amour** (lokale Produkte, saisonales Obst und Gemüse) abbiegen. Auf dem Platz vor dem kleinen Laden parken. Man folgt dem Weg links vom Geschäft, dann rechts und wieder links zwischen den Häusern Richtung Kirche. Am Abzweig nimmt man nach links den Weg, der vom Ort wegführt. Ab hier folgt man zunächst

2 Gelb-rot markiert

der **gelb-rot markierten Tour du Tanargue**. Den ersten Abzweig nach links **nicht** nehmen. Es geht weiter auf dem Fahrweg unterhalb des Feuerwehrteichs entlang, dann aber geradeaus halten (nicht rechts abbiegen). Erst nach einigen hundert Metern knickt der nun schmalere Pfad rechts ab und steigt durch den Wald an. Erste tolle Ausblicke gibt es dann oben am steinernen Kreuz.

3 Pfad rechts nehmen

Hinter dem Kreuz nun nicht mehr der gelbroten Markierung folgen sondern nach rechts den kleinen Pfad ohne Markierung nehmen, der

Die bis zu 40 cm lange Smaragdeidechse ist in der Ardèche häufig anzutreffen.

durch Steineichen- und Kastanienwald am Hang entlang führt. Am Ende auf einen etwas breiteren Weg wechseln und ihm nach rechts folgen. Nach einiger Zeit erreicht man eine kleine

Straße. Diese etwa 150 m nach links gehen und in den nächsten, **ab hier gelb-weiß** markierten Waldweg nach rechts einbiegen. Der Weg führt zunächst eben durch den Wald, geht dann abwärts und kurz bevor man einen Fahrweg erreicht (nach Regen etwas rutschig) hin-

4 Roseraie de Berty

unter. Hier befindet sich die Roseraie de Berty, die über 700 alte Rosensorten kultiviert. Eine Besichtigung lohnt sehr, ist aber **nur im Mai und Juni** möglich. Dem Weg jetzt nach rechts folgen. Kurz darauf, noch vor der Brücke, wieder **rechts abbiegen** (oder nach links den längeren, in der Karte gestrichelten **Alternativweg** nehmen). Der Weg geht dann über eine Brücke, danach ansteigend und an der linken Bachseite entlang, vorbei an einer renovierten Grange (Scheune). Der Weg führt später rechts über eine Brücke und hoch zu den Häusern. Hier links halten, die Straße an den Häusern entlang nehmen. Hinter einer Linkskurve der Straße, vorbei an einem kleinen Klärwerk, scharf rechts in einen schmalen, etwas verwachsenen Weg einbiegen, der den Hang hoch zum Château führt (einfacher ist es der Straße weiter zu folgen). Dort befindet sich das **Restaurant U Castellu**. Von hier geht man links an der romanischen Kirche vorbei, abwärts und am Ende nach links abbiegend erreicht man wieder den Ausgangspunkt.

5 Château de Joannas

Die Kirche von Joannas

2 Stunden

6,5 km • 215 HM

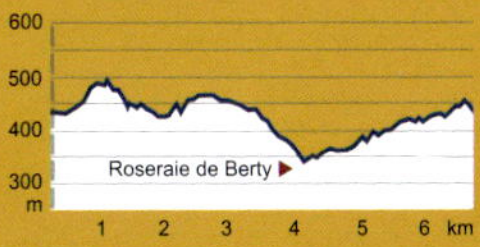

Schwierigkeitsgrad

▶ **Leicht**

▶ Nach Regenfällen viele große Pfützen auf dem Weg.

Wegmarkierung

Keine durchgängige Markierung, teilweise gelb-rot oder gelb-weiß.

Wanderkarte

2838 OT LARGENTIÈRE
Topografische Wanderkarte Frankreich, 1:25 000 – GPS
EAN: 9782758543169

Sehenswert

▶ **Roseraie de Berty**
Éléonore Cruse
Telefon 04 75 88 30 56
www.roseraie-de-berty.com
2010 als Jardin remarquable (bemerkenswerter Garten) ausgezeichnet.

Einkehr/Unterkunft

▶ **Restaurant U Castellu**
Le Château, 07110 Joannas
Telefon 04 75 37 67 33
Sehr schön im Schloß gelegenes Restaurant.

▶ **Campingplatz Le Roubreau** mit Snack-Bar
Telefon 04 75 88 32 07

▶ **Campingplatz La Marette** mit Snack-Bar
Telefon 04 75 88 38 88

▶ **L'Epicerie au Fournil à Rocles**
Telefon 04 69 22 68 59
Öffnungszeiten s. Seite 15.

▶ **Ferienhaus in Joannas:**
www.ardecheinfo.de

Tour 11 Der Weg des Schiefers (Le Sentier des Lauzes)

1 44°31'50.61"N 4° 7'1.01"E Der **Sentier des Lauzes** ist ein wunderschöner Rundweg im Drobie-Tal. Entlang des Wanderweges begegnet man Kunstwerken von sechs verschiedenen Künstlern, u.a. von **Christian Lapie**, **Domingo Cisneros** und **Otto Date**. Das Projekt ist initiiert und unterstützt von Bewohnern des Drobie-Tals und vom **Naturpark Monts d'Ardèche Regional**.

Start ist in **Saint Mélany**. Man fährt von Joyeuse oder aus Richtung Valgorge die D 203 entlang der **Beaume** bis zum Ort **Les Deux Aygues**, biegt hier ab auf die D 220 und folgt der Ausschilderung nach Saint Mélany. Den

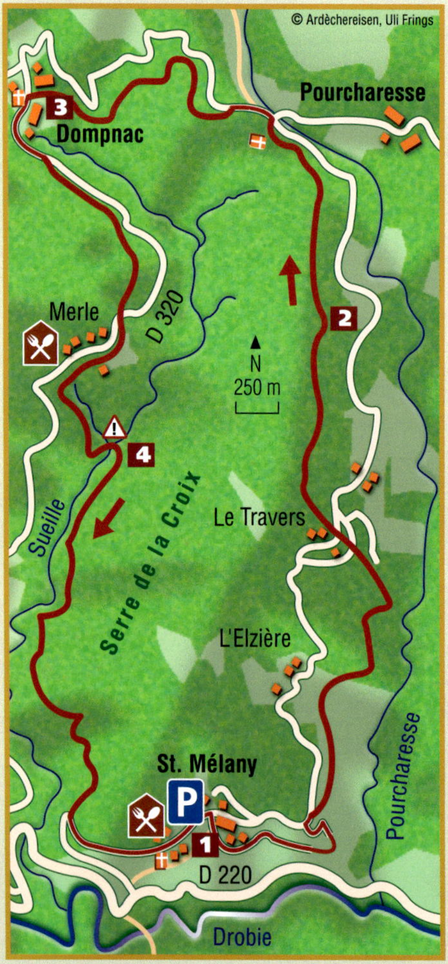

Ort durchfahren und auf dem großen Parkplatz auf der linken Seite parken. 50 m nach links beginnt der **Sentier de Lauzes** auf einer kleinen Straße, die rechts abgeht. 700 m später steigt man nach links einen Pfad an, dem man vorbei an Kunstwerken des Künstlers **Christian Lapie** bis zu einer Straße folgt. Hier links hoch und dann nach links auf einen Pfad abbiegen, zwischen den Häusern nach oben. Die Straße nach links um die Kurve nehmen und wieder nach links einen Pfad ansteigen. Ein Stück nach rechts und dann den etwas breiteren Eselspfad hoch nach **Le Travers** nehmen. Die Straße überqueren und weiter ansteigen. Man folgt dem Weg sehr langgezogen nach oben, dort am Kreuz auf den Fahrweg nach rechts abbiegen. Nach einiger Zeit kommt man an

2 Die Stille des Schiefers

einem weiteren **Lapie-Kunstwerk** aus der Reihe **Le Silence des Lauzes** vorbei und geht weiter bis zur Kapelle. Die Straße an der Kapelle vorbei nach unten, noch ein kleines Stück die Straße nach links und direkt links auf einem alten Maultierpfad abwärts. In **Dompnac** an der Kirche vorbei (hier gibt es einen

Der Segelfalter gilt als einer der schönsten europäischen Schmetterlinge. In den Bergen der Ardèche ist der bei uns oft seltene Falter vor allem im Juni vielfach zu sehen.

Typische Schieferhäuser im Drobie-Tal.

3 Picknickplatz schönen Picknickplatz mit öffentlichen Toiletten und Trinkwasser) aus dem Ort hinaus, der Straße über die Brücke und dann aufwärts folgen. Leicht rechts zweigt etwas unscheinbar ein kleiner Pfad hoch zum **Gîte d'étape Lachamp de Merle** ab. Quer über die Wiese zum Gîte, links vorbei, dann rechts abknickend direkt unterhalb des Hauses entlang. Den Weg hinunter, die Straße ein Stück nach rechts, dann links die abzweigende Straße zu den Häusern nehmen und in **4 Furt** der Kurve geradeaus dem kleinen Pfad folgen. Dieser führt nun wildromantisch ins Bachtal, wo man den Bach furtet. Nach stärkeren Regenfällen muss man schon mal Schuhe und Hose ausziehen oder die Furt ist überhaupt nicht passierbar. Der Weg zieht sich danach am Bach entlang, später folgen noch tolle **Badestellen**. Man kommt zwischen Häusern heraus, hier der Straße nach links folgen. Wenn man in einer Kurve die Straße nach Saint Mélany erreicht, links hoch und durch den Ort zurück zum Parkplatz gehen.

Weitere Infos: www.surlesentierdeslauzes.fr

5–6 Stunden

15 km • 520 HM

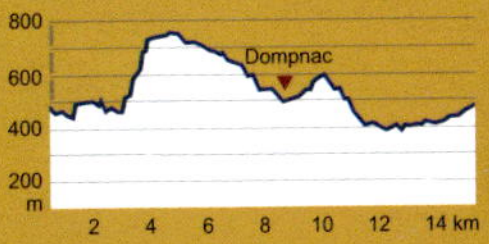

Schwierigkeitsgrad

▶ **Mittelschwer**

▶ Keine besonderen Schwierigkeiten, aber wegen der Länge der Wanderung etwas Kondition erforderlich.

▶ Bei Punkt **4** muss der Bach gefurtet werden. Am besten Handtuch mitnehmen. Nach sehr starkem Regen unpassierbar!

Wegmarkierung

Markierung meist **Sentier des Lauzes** auf Schiefertafeln, teilweise folgt der Weg auch dem GRP Cévenol mit der Markierung **gelb-rot**.

Wanderkarte

2838 OT LARGENTIÈRE
Topografische Wanderkarte Frankreich, 1:25 000 – GPS
EAN: 9782758543169

Einkehr/Unterkunft

▶ **Restaurant/Café Au Bon Port Chez Yette**
Le Chambon
07260 Saint-Mélany
Telefon 04 75 35 20 27
Sehr schöne Außenterrasse, deftige, typisch ardéchoise Gerichte, z. B. **Caillette de châtaigne**, ein Mangold/Schweinefleischbällchen mit Esskastanien.

▶ **Gîte d'étape Lachamp de Merle**
La Champ de Merle
07260 Dompnac
Telefon 04 75 36 95 61
20 Min. nach **Dompnac** führt der Weg direkt am Gîte d'étape vorbei.

Castanea, Museum der Edelkastanien in Joyeuse

Beitrag von Ulla Falke, ehemalige Leiterin des Kastanienmuseums

Das Museum der Edelkastanie befindet sich in einem Klostergebäude aus dem frühen 17. Jahrhundert, im Herzen der malerischen Altstadt von Joyeuse. Es besteht seit mehr als dreißig Jahren und gibt Einblick in die Kultur des **Brotbaums**, der über viele Jahrhunderte hinweg das Leben von Mensch und Tier in den Cevennen bestimmt und erhalten sowie ihre Landschaft geformt hat.

Die Ausstellung, die in Aufbau, Umfang und Aussagekraft einzigartig sein dürfte, befindet sich auf insgesamt 400 m² Fläche auf zwei Etagen. Sie umfasst einerseits Pflege und Arbeit der Obstkultur sowie Gerätschaften und Hilfsmittel zum Entfernen der beiden Schalen der Frucht (wie z. B. „pises", „soles"), andererseits außergewöhnliche Möbelstücke aus dem Holz der Edelkastanie. So sind im ehemaligen Speisesaal des Klosters z. B. die „berles" zu sehen: rustikale Schränke, die quasi von der Natur direkt aus dem ausgehöhlten Baumstamm der Edelkastanie gefertigt sind. Darüber hinaus sind zahlreiche Geräte aus Kastanienholz ausgestellt, die für die Arbeit in der Landwirtschaft dieser Region benutzt wurden wie Weinbau, Seidenraupenzucht, Tierhaltung (Schafe, Ziegen, Schweine).

Kamin mit Brotbackofen im ehemaligen Speisesaal des Klosters.

Das Museum vermittelt ebenfalls prähistorische bzw. geschichtliche Aspekte. Ausgestellte Fossilien zeugen vom Vorkommen der Edelkastanie in unserer Region bereits vor mehr als 8 Millionen Jahren! Seine bedeutendste Rolle im Leben der Menschen spielte der Baum jedoch im Mittelalter: Die Edelkastanie diente als Grundnahrungsmittel und ersetzte das Getreide, für dessen Anbau die Terrassenanlagen keinen Platz boten. Getrocknet kann die Edelkastanie lange aufbewahrt werden, sodass sie zum Lebensretter in Kriegs- und anderen Notzeiten wurde. Um das Grundnahrungsmittel zu garantieren, wurde der Baum seit jeher als Obstbaum gepflegt und unterhalten, wuchs also nicht wild wie in anderen Gegenden, sondern wurde veredelt, beschnitten und rundherum versorgt. Es gab Ende des 19. Jahrhunderts noch 60 000 ha kultivierte Edelkastanien in der Ardèche. Danach verursachten unterschiedliche Umstände den Niedergang dieser Kultur: Reichtum durch die Seidenraupenzucht, Pilzerkrankungen des Baums, radikales Abholzen zur Gewinnung des Gerbstoffs Tannin, Änderung der Ernährungsgewohnheiten und Landflucht.

Castanea-Espace découverte de la Châtaigne d'Ardèche
Parvis de l'église
07260 Joyeuse
Telefon 04 75 39 90 66
www.castanea-ardeche.com
Das Museum ist geöffnet von **April bis Oktober,** 14 bis 18 Uhr. **Montags**, im April auch samstags und sonntags **geschlossen** (außer Ostern). Im **Juli/August** auch 10 bis 14 Uhr geöffnet (ausser montags, samstags und sonntags). Eintritt 6,50 €, Jugendliche 5 €, Kinder 3 €, unter sechs Jahre frei.

Zum Entfernen der letzten Reste von der dünnen inneren Haut der Esskastanie benutzte man früher auch diese „Kastanienschuhe", heute sind sie das Symbol des Museums in Joyeuse.

Heute ist die Ardèche mit ca. 5 000 ha kultivierter Bestände der wichtigste Produzent von Edelkastanien in Frankreich und liefert beinahe die Hälfte der Gesamternte des Landes. Wir können von einer „Renaissance der Edelkastanie" in jeder Hinsicht sprechen: geförderte Anpflanzung, systematische Pflege und Unterhaltung der Bäume, Veredelung, Beschneidung, Impfung gegen den Kastanienrindenkrebs, Entwicklung neuer Methoden bei der Ernte und natürlich die Anpassung der Kastanienerzeugnisse an den heutigen Geschmack.

Als Ergänzung zu Ihrem Besuch im Museum schlagen wir Ihnen einen Spaziergang auf dem Kastanienpfad in Ribes vor – das ist weniger als 6 km von Joyeuse entfernt. Bitte erfragen Sie weitere Informationen im Museum.

In der Boutique des Museums werden verschiedene Kunstgegenstände sowie Gaumenfreuden rund um die Edelkastanie zum Kauf angeboten: Kunsthandwerk und Gebrauchsgegenstände aus Kastanienholz, Korbflechterei aus dem in feine Lamellen geschnittenen Holz und für den Gaumen Kastanienkonfitüren (Natur oder mit Vanille, Honig, Schokolade), Fleischpasteten mit Kastanienstücken, Honigkuchen, Nougat, Kuchen aus Kastanienmehl und Likör aus Edelkastanien (damit wird u. a. der typische Aperitif „lou castagnou" hergestellt). Außerdem gibt es Bücher und Broschüren zum Thema Edelkastanien, zu Anbau und Pflege des Baums, den Sitten und Gebräuchen des Landes und natürlich Kochrezepte.

„Diese Frucht ist nützlich gegen jede Schwäche, die im Menschen ist."

Hildegard von Bingen

Im Juni, zur Blütezeit der Edelkastanie duftet die ganze Ardèche.

Rezept Daube de sanglier Wildschweingulasch

Zubereitung

Gulaschfleisch (Wildschwein oder auch Rind, Hirsch etc.) mind. 12 Stunden in Rotwein und Kräutern einlegen. In die Marinade gibt man die gepressten Knoblauchzehen, Thymian, Rosmarin, Nelken, Wacholderbeeren, Lorbeerblätter und einen Schuss Olivenöl. Am nächsten Tag im Topf Speck scharf anbraten, die Zwiebeln dazugeben und glasig braten. Nun das Fleisch mit Marinade, Cognac und Tomaten (Dosentomaten schmecken meist intensiver als frische) zugeben, etwas pfeffern und salzen (meist wird nur wenig benötigt). Die Möhren nur grob vierteln und von Anfang an mitkochen. Auf kleiner Flamme bei offenem Deckel köcheln, je länger, je besser, aber mind. drei bis vier Stunden, je nach Größe der Fleischstücke. Wenn Flüssigkeit fehlt, immer wieder mit Rotwein nachfüllen.

Zutaten

500 g Gulasch
100 g Speckwürfel
1 Dose Tomaten
1 Zwiebel
2–4 Knoblauchzehen
6–8 Möhren
1 Liter(!) Rotwein
2–4 cl Cognac
Olivenöl
Kräuter: Thymian, Rosmarin,
3–4 Nelken, 2 Wacholderbeeren,
3–4 Lorbeerblätter
Salz, Pfeffer aus der Mühle

Sehr gut dazu schmecken auch Champignons, die man kurz vor dem Servieren dazugibt.

Als Beilage eignen sich z. B. Nudeln oder Backkartoffeln (Kartoffeln halbieren und mit der Schnittseite in eine Mischung aus Olivenöl, Rosmarin und Salz tunken, auf ein Backblech legen und die Kartoffeln mit dünnen Knoblauchscheiben belegen. Bei 200 Grad ca. 30 Min. in den Backofen geben).

Rezept Blette et fromage Mangold mit Blauschimmelkäse

Zutaten

Mangold, Bleu d'Auvergne, Dosentomaten, Olivenöl, Thymian, Salz, Pfeffer, Reis

Zubereitung

Man nimmt pro Person ca. zwei große (oder vier kleine) Blätter Mangold. Die Stiele v-förmig herausschneiden und in grobe Stücke zerteilen, in Olivenöl anbraten. Dosentomaten dazugeben, mit Pfeffer und Thymian würzen und 15 Min. kochen. In der Zeit die Blätter aufeinanderlegen, ein gutes Stück Blauschimmelkäse darauflegen und so aufrollen, dass der Käse nicht herausfließen kann, mit Holzstäbchen oder Kochgarn fixieren. Die Rouladen auf die köchelnden Stiele/Tomaten legen und 15 Min. bei geschlossenem Deckel mitdünsten. Dazu passt z. B. hervorragend Camargue-Reis mit Stücken von getrockneten Kastanien („Les Brises de Châtaignes sèches"). Das gibt dem Reis ein wunderbares, leicht süßliches Aroma.

Rezept Légumes grillés Gemüse aus dem Backofen

Zutaten
2 Auberginen
4 Zucchini
je 1 rote und grüne Paprika
4 Tomaten
4 Zwiebeln
6–8 Knoblauchzehen
Thymian, Rosmarin, Lorbeerblätter
1 Bund Petersilie
Olivenöl
Saft einer Zitrone
Salz, Pfeffer aus der Mühle

Zubereitung

Das Gemüse putzen und in dicke Scheiben oder Stücke schneiden. Zwiebeln und Tomaten halbieren, Knoblauchzehen in ganzen Stücken lassen. Das Gemüse in eine Fettpfanne schichten, mit Salz und Pfeffer würzen, Kräuter darübergeben und mit reichlich Olivenöl beträufeln.
100 ml Wasser in die Fettpfanne füllen und bei 180 Grad Umluft 50–60 Min. backen. Das Gemüse herausnehmen und etwas abkühlen lassen. Gehackte Petersilie, Zitronensaft und Olivenöl miteinander verrühren und das lauwarme Gemüse damit bestreichen. Dazu frisches Baguette, ein wunderbares Gericht für warme Sommerabende. Oder auch als Beilage z. B. zu gegrilltem Thunfisch.

Rezept Rôti de châtaignes aux cèpes

Kastanienbraten mit Steinpilzen

Zubereitung

Zwiebel und Knoblauchzehen würfeln, Pilze fein hacken, alles zusammen in Olivenöl 3 Min. scharf anbraten, Kräuter kurz mitdünsten. Kastanien zur Hälfte zerdrücken und mit den geriebenen Nüssen, Eiern, 100 ml Sahne, gehackter Petersilie, Semmelbröseln, den restlichen ganzen Kastanien und der Zwiebel-Pilz-Masse gründlich verrühren, mit Salz und Pfeffer kräftig würzen. In einer gut gebutterten Kastenform bei 200 Grad etwa 30 Min. backen. 10 Min. auskühlen lassen, dann stürzen.

Währenddessen den Wirsing in Streifen schneiden und einige Minuten in Salzwasser blanchieren (Tipp: Ein kräftiger Schuss Milch im Kochwasser macht den Wirsing bekömmlicher). Für die Sauce ein Stück Butter im Topf verflüssigen und zwei Esslöffel Mehl dazurühren. Den Rest Sahne mit 300 ml Milch oder Wasser und etwas Salz dazugeben und aufkochen, Safran einstreuen. Wirsing auf Teller geben, Sauce ringsherum verteilen und Scheiben von dem Kastanienbraten darauflegen.

Zutaten

150 g Steinpilze oder andere Pilze, z. B. Champignons
200 g gekochte Esskastanien
150 g geriebene Wal- oder Haselnüsse
100 g Semmelbrösel
1 Zwiebel
3 Knoblauchzehen
Kräuter: Rosmarin, Thymian, Lorbeerblätter
1 Wirsing, 1 Bund Petersilie, 200 ml Sahne, Milch, 3 Eier, Safran, Olivenöl, Butter, Salz, Pfeffer aus der Mühle

Steinpilze

Der Steinpilz ist ein Pilz aus der Familie der Röhrlinge. Er wächst in Laub- und Nadelwäldern auf mit Moos, Heidekraut oder Gras überzogenen Flächen, wo er im Sommer und Herbst zu finden ist.
Der Steinpilz hat einen angenehmen Geruch und das rohe Fleisch einen milden Geschmack. Es verändert sich an den Schnittflächen nicht. Von ungenießbaren und verdächtigen Arten unterscheidet er sich durch einen auffallend dicken, weißen, dichtfaserigen Stiel und die im Alter graugrünlichen Röhren der unteren Hutseite.

Rezept Terrine de truite saumonée Lachsforellenterrine

Zutaten

ca. 500 g Lachsforellenfilets oder auch (Wild-)Lachs
150 g Ziegenkäse
200 ml Sahne
1–2 Frühlingszwiebeln
1 Zitrone
Schnittlauch
Salz, Pfeffer aus der Mühle

Zubereitung

Fischfilets (grätenfrei) in grobe Stücke schneiden und mit 2–3 Esslöffeln Sahne, Zitronensaft und dem Ziegenkäse mit einem Pürierstab zu feinem Mus verarbeiten, mit Salz und Pfeffer kräftig würzen. Frühlingszwiebel fein würfeln, das Grün in Scheiben schneiden und alles unterrühren. Kleine Terrinenschälchen mit der Masse füllen und in die mit heißem Wasser gefüllte Fettpfanne stellen. Für ca. 30 Min. bei 180 Grad Umluft in den Backofen geben. Die restliche Sahne aufkochen und frischen Schnittlauch dazugeben. Die Terrine auf Teller stürzen und mit etwas Schnittlauchsahne übergießen. Dazu passt hervorragend Camargue-Reis.

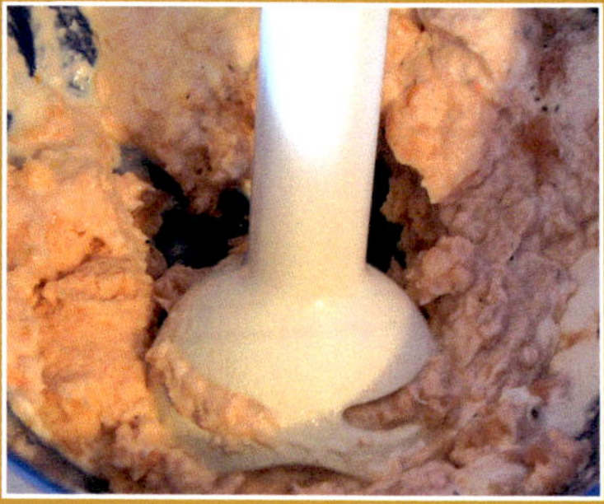

Rezept Tajine de poulet aux pruneaux

Hähnchen-Tajine mit Backpflaumen

Zutaten
je Person eine Hähnchenkeule
4–6 große Tomaten
4 große Zwiebeln
4 unbehandelte Zitronen
200 g geschälte Mandeln
100 g Sesam
300 g entkernte Backpflaumen
1 Bund frischer Koriander
3 TL Ras el Hanout
2 TL getrockneter Koriander
2 TL Zimt
Safran
Olivenöl, Salz, Zucker
als Beilage: Couscous

Zubereitung

Die Hähnchenkeulen von beiden Seiten in einem Bräter scharf in Olivenöl goldbraun anbraten. Gewürfelte Zwiebeln und in kleine Stücke zerteilte Tomaten dazugeben. Den Saft von zwei gepreßten Zitronen darüberträufeln. Würzen mit der arabischen Gewürzmischung Ras el Hanout, getrocknetem Koriander, Zimt, Safran und ein wenig Salz. Noch etwas Zucker darüber, um die Säure der Tomaten zu binden (in der arabischen Küche kommt noch Honig dazu, aber das wird mir zu süß). Nun das ganze in die vorher über Nacht gewässerte Tajine schichten. Mit dem Tondeckel zugedeckt für **eine Stunde bei 200 Grad** in den Backofen geben (wenn man keine Tajine besitzt, im zugedeckten Bräter im Backofen oder auf der Herdplatte köcheln lassen). 10 Min. vor Ende noch die Backpflaumen und Mandeln zugeben. Zum Anrichten den Sesam über das fertige Gericht streuen, den gehackten frischen Koriander darübergeben und mit den Scheiben unbehandelter Zitronen dekorieren. Dazu passt am besten Couscous.

Die **Tajine** ist ein in der nordafrikanischen Küche weitverbreitetes Schmorgefäß. Sie wird zur Zubereitung klassischerweise auf ein Holzkohlefeuer gestellt, kann aber auch im Backofen verwendet werden (ähnlich dem bei uns bekannten Römertopf).
In Südfrankreich sind Tajine-Gerichte und Couscous sehr beliebt. Dies liegt auch am hohen Bevölkerungsanteil algerischer Abstammung. Nach dem Algerienkrieg (1954 bis 1962) sind einige Zehntausend Algerier (so genannte Harkis) nach Frankreich geflohen.

Tour 12 Sentier botanique de Beaumont

1 44°32'31.92"N 4°11'27.87"E Aus Richtung **Largentière** die D 24 bis zum Abzweig Richtung Joyeuse fahren. Der D 203 durch das traumhaft schöne Beaume-Tal folgen, bis rechts der Abzweig über die alte Bogenbrücke nach La Roche kommt. Am Straßenrand der D 203 kann man gut parken.

2 Schönes Café Einige hundert Meter auf der Straße nach links befindet sich im Weiler **Le Gua** ein schönes Café/Restaurant.

Man geht aber über die gegenüberliegende **Beaume-Brücke** (unterhalb befindet sich eine

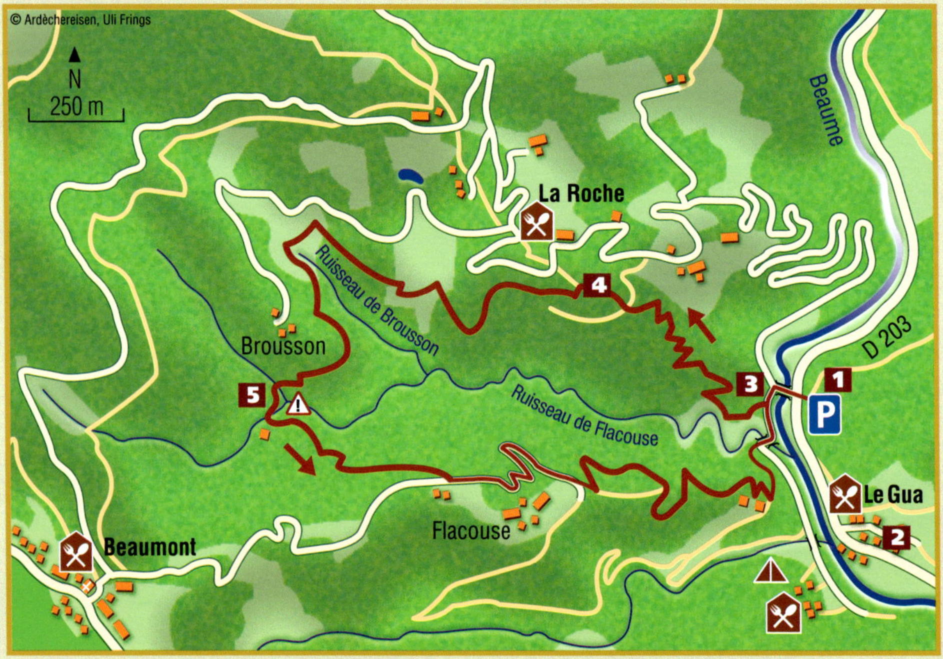

tolle Schwimmstelle), dann ein kurzes Stück nach links und rechts den Pfad hinauf. Beim Einstieg befindet sich eine **Orientierungstafel** mit Beschreibung des Sentier botanique. Der

3 Weiß-gelb markiert **weiß-gelben Markierung** auf dem alten Maultierpfad in Serpentinen 1,1 km bis hoch nach La Roche folgen. Vom erreichten breiteren Weg den Pfad nach links weiter leicht

4 Links abbiegen ansteigen, ausgeschildert mit **Sentier botanique 4,6 km**. Nach 150 m links in den leicht abwärtsführenden als **Sentier botanique 4,2 km** beschilderten Weg abbiegen. Nun immer dem Pfad folgen. Im Wald führt der Weg bald, etwas schwer zu erkennen, scharf nach rechts aufwärts über Steine und Wurzeln, wird aber oberhalb wieder besser. Er zieht sich wunderschön und sehr abwechslungsreich zunächst

durch ein kleines Bachtal, später hinab in ein deutlich breiteres Bachtal. Hier gibt es weder Brücke noch Steg und die Überquerung

5 Bachüberquerung

kann, je nach Wasserstand etwas mühsam und teilweise rutschig sein. Auf der anderen Seite liegt eine alte Grange (ehemalige Scheune), die zum Ferienhaus ausgebaut ist. Der Pfad zieht sich nun links von dem Gebäude nach oben bis eine Straße erreicht wird. Dieser 400 m in Serpentinen abwärts, vorbei an einer Ziegenfarm, bis kurz vor ein **Löschwasser-Reservoir** aus Holz, folgen. Dort nach links auf einen Schotterweg abbiegen, und nach 50 m den abgehenden Pfad **scharf links** nehmen. Mit wunderschönen Ausblicken in das Beaume-Tal geht es auf schmalen Schieferwegen hinunter. Vor einer Ansiedlung

die erreichte Straße abwärts laufen und am letzten Haus **scharf links** auf unscheinbaren Pfad abbiegen. Man gelangt zur Straße an der Beaume, der man nach links zum Ausgangspunkt folgt.

2,5 Stunden

6 km • 320 HM

Schwierigkeitsgrad

▶ **Mittelschwer**

▶ Bei Punkt **5** muss der Bach überquert werden. Etwas Trittsicherheit erforderlich. Nach sehr starkem Regen u. U. unpassierbar!

Wegmarkierung

Weiß-gelb und als **botanischer Lehrpfad** ausgezeichnet, Die Markierung ist frisch erneuert und mit **Infotafeln zur Flora** ergänzt worden.

Wanderkarte

2838 OT LARGENTIÈRE
Topografische Wanderkarte Frankreich, 1:25 000 – GPS
EAN: 9782758543169

Einkehr/Unterkunft

▶ Keine Einkehrmöglichkeit unterwegs.

▶ **Café/Restaurant La Boucharade**
Route du Tanargue
Le Gua, 07110 Sanilhac
Telefon 04 75 39 20 57 oder 06 77 92 58 42
Wunderschönes, an der Beaume gelegenes Restaurant mit großer Außenterrasse. Gute, abwechslungsreiche Gerichte.

▶ **Auberge de Thélème**
Place de l'Église
07110 Beaumont
Telefon 04 75 39 43 08

▶ **Chambres d'hôtes La Petite Cour Verte**
La Roche
07110 Beaumont
Telefon 04 75 39 58 88.
Sehr schönes Gästehaus.

Tour 13 Rund um den Tour de Brison

1 44°32'31.92"N 4°11'27.87"E Die D 203 aus Largentière kommend Richtung Joyeuse bis **Pont du Gua** nehmen und am Straßenrand parken. Hier am Bachlauf beginnt der **gelb-rot markierte** Pfad

Winterlicher Blick auf das Massif du Tanargue

hoch auf den Tour de Brison. Dieser Weg ist die ersten 15 Min. und dann noch mal unterhalb des Tour de Brison sehr steil und sollte **nur von geübten Wanderern** genommen werden. Nach Regen ist der Fels sehr rutschig, **bei Gewitterneigung ist von der Tour abzuraten.**

2 Steiler Anstieg Zunächst geht es sehr steil in Serpentinen hoch, gerade am Anfang ist die Wegmarkierung etwas schwer zu finden. Man startet über den **kleinen Betonsteg** und geht einige Meter nach rechts und steigt links an. Nach etwa 15 Min. ist das erste steile Stück geschafft und man wird mit fantastischen Ausblicken belohnt. **3 Picknickplatz** Auf halber Höhe liegt links ein schöner Picknickplatz oberhalb der Beaume (siehe Foto links).

Nun führt der Weg deutlich moderater über den Berggrad (keine ausgesetzten Stellen) aufwärts. Hier ist über ein längeres Stück die gelbrote Markierung verschwunden und nur noch eine **gelb-weiße Markierung** zu finden. An einem Abzweig mit Wegweiser hält man sich nach rechts **Richtung Largentière**. Etwa 1,5 km oberhalb erreicht man einen Abzweig nach rechts, dem man weiter Richtung Largentière folgt. Hier geht es nun **sehr steil** hinauf zum Tour de Brison, fantastische Rundumblicke erwarten einen. **4 Kletterpassagen** Vor allem die letzten Meter bieten einige kleine **Kletterpassagen** und erfordern **Trittsicherheit**.

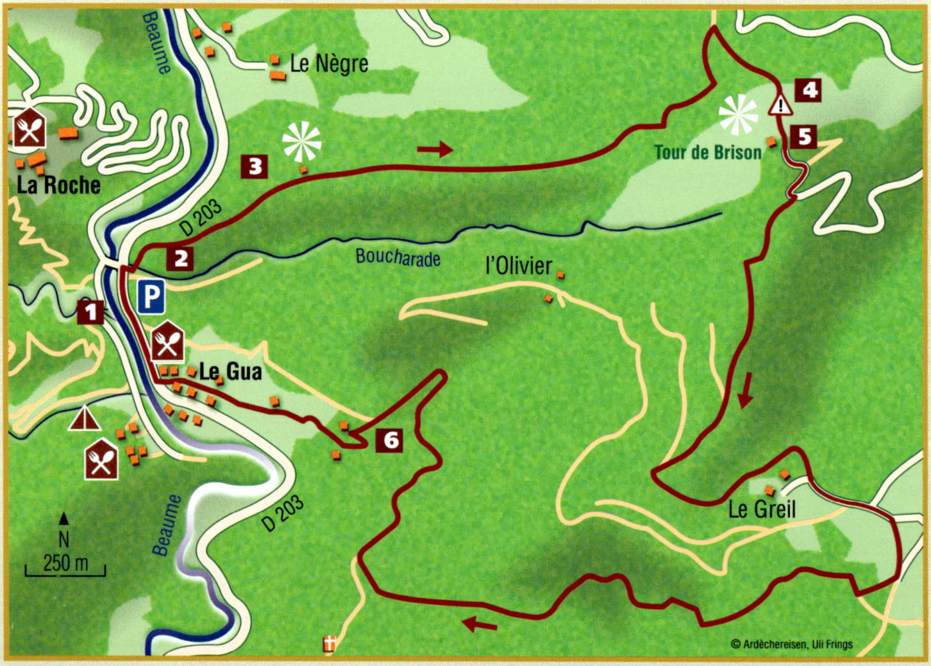

Tour de Brison, Sarazenenturm vermutlich aus dem 8. Jahrhundert. Durch Leuchtfeuer konnten sich die Sarazenen mittels solcher Türme über tausende Kilometer verständigen.

5 Panoramablicke

Auf der Rückseite auf Treppenstufen zur Straße hinab. Der Straße nach unten folgen, die Tour du Tanargue verlassen und in der **zweiten Kurve** nach rechts in den **gelb-weiß markierten** Pfad abwärts einbiegen. Dieser wird später breiter und erreicht einen Fahrweg. Diesem nach links folgen und bei der dann erreichten Straße ebenfalls links halten. Vorbei an je einer links und rechts abgehenden Straße den nächsten Abzweig rechts nehmen. Hier direkt wieder rechts abbiegen und dem dann erreichten Fahrweg langgezogen abwärts folgen. Nach **2 km** geht es am Abzweig zum kleinen Kloster **Monastère la Demeure Notre Père**

6 Links abbiegen

vorbei. **1 km weiter** biegt links der **Chemin des Pargues** ab, auch ausgeschildert als **Voie sans issue**. Der Weg geht in einen schmalen Pfad über und führt hinunter nach **Le Gua**. Vorbei am **Café/Restaurant La Boucharade** geht es nach rechts auf der Straße zurück.

Vor allem nach Regenfällen kann man den Feuersalamander in den Bergen der Ardèche häufig antreffen. Seine feuchte schwarze Haut trägt einen Lackglanz. Die gesamte Körperoberseite ist gelb gemustert. Diese Warntracht macht ihn zu einer unverwechselbaren Tierart. Die in den Drüsen des Feuersalamanders erzeugten Sekrete zählt man zu den Alkaloiden. Normalerweise verursachen diese Sekrete beim Menschen – wenn überhaupt – nur ein leichtes Brennen auf der Haut. Bei sehr empfindlichen Personen bzw. Kleinkindern können sie auch zu Übelkeit und Atembeschwerden führen.

4 Stunden

10 km • 520 HM

Schwierigkeitsgrad

▶ **Schwer**

▶ Bei Punkt **4** geht es im Fels steil aufwärts. Keine wirklich gefährlichen Stellen, aber man braucht schon mal die Hände für den sicheren Halt. Nach und bei Regen besser nicht gehen, das Schiefergestein kann sehr rutschig werden. Trittsicherheit erforderlich!

Wegmarkierung

Keine durchgehende Markierung, zunächst **gelb-rot** als Tour du Tanargue markiert, später **gelb-weiß** und dann ohne Markierung.

Wanderkarte

2838 OT LARGENTIÈRE
Topografische Wanderkarte Frankreich, 1:25 000 – GPS
EAN: 9782758543169

Einkehr/Unterkunft

▶ **Café/Restaurant La Boucharade**
Le Gua, 07110 Beaumont
Telefon 04 75 39 20 57

▶ **Hôtel/Restaurant Le Sentier des Arches**
Le Gua, 07110 Beaumont
Telefon 04 75 39 44 09

▶ **Auberge de la Tour de Brison**
La Chapelette
07110 Sanilhac
Telefon 04 75 39 29 00

Tour 14 Largentière – mittelalterliche Burgen,

Der Name Largentière *stammt von den silberhaltigen Bleivorkommen, die schon von den Römern hier abgebaut wurden. Wegen dieser Minen, die auch heute noch teilweise zu sehen sind, war Largentière im Mittelalter umkämpft und begehrt. Die Orte* ***Montréal, Tauriers*** *und* ***Chassiers*** *entstanden als Burganlagen zum Schutz von Largentière. Der mittelalterliche Stadtkern lädt mit seinen schmalen Gassen zum Spaziergang ein.*

Von l. n. r.: Schloß aus dem 12. Jahrhundert, mittelalterliche Gasse,

1 44°32'38.45"N 4°17'35.81"E

Man parkt in Largentière am besten auf dem großen Parkplatz rechts oberhalb der Durchgangsstraße am Ende des Ortes (am **Dienstagvormittag ist Markt** in Largentière, dann wird es schwer einen Parkplatz zu finden). Vom Parkplatz nach rechts der **gelb-roten Markierung** des GRP Tour du Tanargue folgen. An der nächsten Straßengabelung rechts hoch der Straße folgen und in der Kurve links geradeaus gehen. Bei einer Weggabelung links halten und dann am nächsten Abzweig nach links mit **gelb-weißer Markierung** die Tour du Tanargue verlassen und zur Straße absteigen.

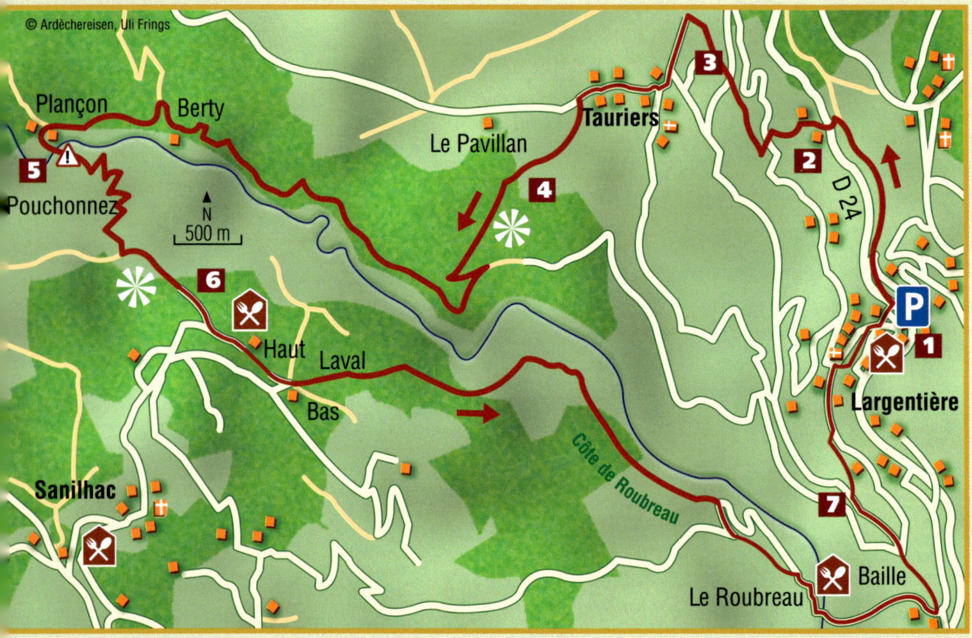

2 Le Moulinet

Über die Straße, direkt gegenüber durch das Tor gelangt man zum **ehemaligen Seidenmuseum** (Le Moulinet). Der Wanderweg geht zwischen den alten Fabrikgebäuden hindurch und biegt nach rechts ab. Vorbei an einer rechts liegenden Ruine knickt der Weg nach links aufwärts ab. Man folgt ihm bis auf eine Wiese, der Weg biegt nach rechts hoch zur Straße ab. Diese kreuzen und die gegenüberliegende Treppe ansteigen. Wieder an der Straße den Pfad geradeaus gegenüber weiter hinauf. Man erreicht eine kleine Ansiedlung und geht den Weg leicht rechts

3 Durch den Torbogen

direkt **zwischen den Häusern durch den Torbogen hindurch**. Oben angelangt nach rechts abbiegen und bald nach links in einen Pfad. Die nächste Straße kreuzen und den Weg geradeaus weiter leicht ansteigen. Man erreicht einen Querweg, den man nach links aufwärts zur Straße geht. Diese hoch in den Ort **Tauriers**

Silberminen und Seidenraupenzucht

das „Tribunal", Symbol des Reichtums zur Zeit der Seidenraupenzucht, altes Stadttor.

nehmen. Im Ort der Straße geradeaus in **Richtung Joannas** folgen. Beim Haus **Les Lauzières** am Wanderwegweiser nach links abbiegen. Die Straße geht in einen Schotterweg und später in einen Waldweg über. An einem Abzweig links halten. Bevor man wieder eine Straße erreicht, hat man tolle Fernblicke auf den Ort **Montréal** mit seiner markanten Burg. An der Straße scharf rechts abbiegen Richtung Joannas.

4 Fernblicke

Dieser, teils geteert, teils als Schotterweg ca. 45 Min. folgen, vorbei an der **Roseraie de Berty** bis zum Ort **Plançon**. Zwischen den Häusern geht links ein Pfad **Richtung Sanilhac** zum Bach hinunter, der hier gefurtet werden muss. Danach zieht sich der Pfad den Hang hinauf, bis

5 Bachüberquerung

oben die **gelb-rot** markierte Tour du Tanargue erreicht wird. Dieser nun nach links folgen. Wenn man aus dem Wald kommt, hat man bei klarem Wetter Fernblicke bis zu den Alpen.

6 Alpenblicke und Einkehr

Der Weg geht in eine Straße über, der man, unterhalb des Hotels/Restaurants **La Bastide de Sanilhac** bis zum Ende der Straße folgt. Man nimmt nun den wunderschönen Maultierpfad fast geradeaus **Richtung Largentière** 2,5 km abwärts. An einer erreichten Straße ein Stück nach rechts aufwärts laufen, vorbei am Ortsschild **Féreyre**. Der Pfad nach links führt nun hinunter ins **Roubreau-Bachtal** und zum Hotel **Domaine de l'Eau Vive**. Der Straße folgt man durch das Tal bis zur Durchgangsstraße, hier ein kleines Stück nach links und direkt in die nächste Straße links einbiegen (**Wegweiser Largentière 1,3 km**). Bei einer Linkskurve nach rechts den Pfad nehmen und steil ansteigen. Fast geradeaus der Straße Richtung **Coupe** folgen. Nach 400 m rechts abbiegen (etwas schwer zu finden, etwa 50 m vorher zeigt eine Markierung an, dass der Weg abbiegt). Es geht nun nun links an

7 Unscheinbarer Abzweig!

einem Haus vorbei und dann, mit **weiten Blicken auf Largentière**, einen Pfad abwärts. Auf einer Zufahrt angelangt, geht man ein Stück nach links und dann wieder rechts abbiegend nach unten. Der Straße folgt man nach links bis zur Kirche in Largentière. Geradeaus, rechts an der Kirche vorbei die Straße nach unten nehmen. Man gelangt zum Place du Marché und biegt links ab. Vorbei am **Office de Tourisme** erreicht man das alte Stadttor und über die Brücke wieder den Parkplatz.

Hochwasser der Ligne in Largentière.

5 Stunden
15 km • 490 HM

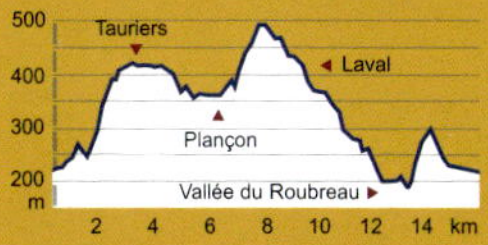

Schwierigkeitsgrad

▶ **Mittelschwer**

▶ Bei Punkt **5** muss der Bach gefurtet werden. Sicherheitshalber Handtuch mitnehmen. Nach sehr starkem Regen u. U. unpassierbar!

Wegmarkierung

Keine durchgehende Markierung,

zunächst **gelb-rot** als Tour du Tanargue markiert, später **gelb-weiß** und dann wieder **gelb-rot**.

Wanderkarte

2838 OT LARGENTIÈRE
Topografische Wanderkarte Frankreich, 1:25 000 – GPS
EAN: 9782758543169

Einkehr/Unterkunft

▶ Eine Reihe netter **Cafés und Restaurants** in Largentière.

▶ **Auberge de la Tour de Brison**
La Chapelette
07110 Sanilhac
Telefon 04 75 39 29 00

▶ **Hôtel/Restaurant La Bastide de Sanilhac**
Haut Laval
07110 Sanilhac
Telefon 04 75 39 28 27
Gutes Essen und traumhafte Ausblicke von der Terrasse.

▶ **Hôtel/Restaurant Domaine de l'Eau Vive**
Le Roubreau
07110 Largentière
Telefon 04 75 89 20 53
Sehr schöne Lage im Bachtal.

Sehenswert

▶ **Roseraie de Berty**
Éléonore Cruse
Telefon 04 75 88 30 56
www.roseraie-de-berty.com

Tour 15 Von Sanilhac zum Château von Versas

1 44°32'2.92"N 4°14'45.75"E Von **Largentière** die D 212 Richtung **Montréal**. Abbiegen auf die D 312, weiter Richtung Montréal. Durch den Ort hindurch und weiter aufwärts **Richtung Sanilhac**. An einem Abzweig nicht nach Sanilhac, sondern noch ein Stück die D 303 fahren. Nach rechts kommt der Abzweig zur **Auberge Tour de Brison** und zu Parkmöglichkeiten.

Die Wanderung beginnt an der kleinen Kapelle an der Durchgangsstraße. Am Wanderwegweiser folgt man der Ausschilderung nach **Vernon 9,1 km**. Keine 30 m unterhalb biegt nach links ein schmaler, **weiß-gelb markierter** Pfad ab. Unterhalb erreicht man wieder die Straße, die man kreuzt. Bald gelangt man an einem Wegkreuz wieder zu einer kleinen Straße. Hier den Weg gegenüber nach rechts abwärts nehmen (nicht geradeaus). An einem Baum sieht man die weiß-gelbe Markierung. Nach einiger Zeit kommt man auf eine Straße, diese überqueren und schräg links gegenüber den Pfad hinunter gehen. An einem Abzweig vorbei weiter geradeaus. Man erreicht einen kleinen Bach, hier **scharf nach rechts** abbiegen.

An einem Abzweig vorbei weiter ansteigen. Zwischen Mauern hindurch erreicht man einen Abzweig nach rechts, diesen weiter aufwärts nehmen. An einem Wegkreuz gelangt man zum Ort **Le Marinier**. Hinter dem Kreuz den Weg nach links ansteigend zur Straße nehmen. Vorbei an einem kleinen Waschhaus ein Stück die Straße nach rechts und dann direkt den Weg nach links gehen. An Abzweigen vorbei immer auf dem etwas breiteren Weg bleiben. Unterhalb einer Brücke nicht den Abzweig nehmen, sondern geradeaus weiter. Dann über die obere Brücke nach links gehen. Einige Meter später den scharf rechts abbiegenden Wanderweg nehmen. Im Eichenwald kreuzt man einen kleinen Fahrweg und steigt weiter geradeaus an. Unterhalb eines Weinfeldes geht man auf dem Querweg nach links. Auf schmalem Pfad an Abzweigen vorbei immer geradeaus. Bei klarer Sicht kann man in der Ferne den Mont Ventoux erkennen. Wenn ein etwas breiterer

2 Fernblicke

Weg erreicht wird, auch an Abzweigen vorbei weiter geradeaus. Es geht nun hinunter ins Bachtal, unterhalb der Brücke befindet sich eine schöne Schwimmstelle. Der Weg steigt nun wieder an und man erreicht einen Fahrweg, den man nach rechts weiter ansteigt. An einer Wegkreuzung geradeaus weiter, hier ausge-

schildert mit **Tour de Brison 5,4 km**. An einer nun erreichten Straße nach rechts aufwärts gehen. Einer Querstraße nach links/geradeaus folgen. An einer Straßenkreuzung mit weitem Blick ins **Beaumetal** scharf rechts die Straße aufwärts nehmen (unten an der Ecke gibt es einen Wanderwegweiser mit Karte). Nach 100 m geht nach links der Wanderweg ab.

3 Château von Versas

Oberhalb des **Châteaus von Versas** die Straße ein Stück nach rechts aufwärts (Holzschild **Richtung Tour de Brison**) gehen. Über die Abkürzung am Wegkreuz scharf links zur oberhalb abgehenden Straße ansteigen

Château von Versas, erbaut 1594 bis 1603.

und dieser nach links zwischen Häusern hindurch folgen. Der Straße mit der Ausschilderung **La Beaume/La Drobie** und **Les Deux Aygues** weiter folgen und dann nach rechts am „Steinschlagschild" den Schotterweg kräftig ansteigen. Fast auf der Höhe hat man Fernblicke zur **Beaume**, nach **Ribes** und auf das **Massif du Tanargue**. Der Weg gabelt sich in drei Wege, man nimmt den Weg ganz rechts. Durch den Kiefernwald, auch an einem Abzweig vorbei. An einer Lichtung geradeaus und an Abzweigen vorbei bis zu einer Weggabelung weiter gehen. Hier den Weg nach rechts nehmen bis zu einer Freifläche und am Wegkreuz nach links abbiegen. An einer Kreuzung geradeaus weiter Richtung Sanilhac und Tour de Brison (nach links biegt ein Weg nach Le Gua ab). An einem Wegweiser geradeaus Richtung **Sanilhac 3,3 km** bis zu einer Straße, die man geradeaus, leicht abwärts, geht. In einer Kurve erreicht man die Durchgangsstraße, hier geradeaus

4 Scharf rechts

weiter nach **Cubagnac**. Nach einem Bauernhof scharf rechts auf den Weg durch ein Gatter (bitte wieder schließen). Leicht abwärts, einer Mauer entlang, an Abzweigen vorbei. Am Ende der Wiese in den schmalen Pfad leicht links einbiegen und durch das Gatter gehen. Geradeaus durch zwei weitere Gatter, erreichet man wieder einen Wanderwegweiser, dem man Richtung **Sanilhac 1,8 km** geradeaus folgt. Auf wunderschönem Weg geht es vorbei an einer Zisterne zur Bewässerung der Felder. Geradeaus bis unterhalb der Häuser gehen, die kleine Straße nach links nehmen und ansteigen, bis die Durchgangsstraße in **La Chapellette** erreicht wird. Ein kurzes Stück nach rechts, erreicht man wieder den Ausgangspunkt bei der Kapelle.

3,5 Stunden

11 km • 376 HM

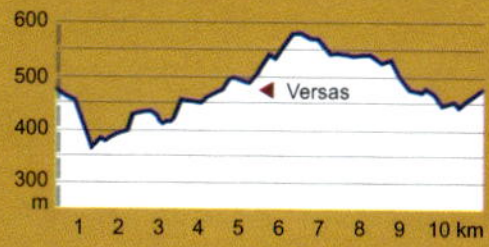

Schwierigkeitsgrad

▶ **Leicht**

▶ Keine besonderen Schwierigkeiten, aber nach Regen teilweise rutschige Abschnitte.

Wegmarkierung

Durchgängig **gelb-weiß** markiert.

Wanderkarte

2838 OT LARGENTIÈRE
Topografische Wanderkarte
Frankreich, 1:25 000 – GPS
EAN: 9782758543169

Einkehr/Unterkunft

▶ **Auberge de la Tour de Brison**
La Chapelette
07110 Sanilhac
Telefon 04 75 39 29 00
Eines der besten Hotels und Restaurants der Umgebung.

▶ **Hôtel/Restaurant La Bastide de Sanilhac**
Haut Laval 1
07110 Sanilhac
Telefon 04 75 39 28 27
Gutes Essen und traumhafte Ausblicke von der Terrasse.

▶ **Ferienhäuser in der Ardèche:**
www.ardecheferien.de
www.ardecheinfo.de

Tour 16 Chassiers, Schutzort von Largentière

1 44°32'38.45"N 4°17'35.81"E Die D 5 aus Richtung Aubenas bis **Largentière** fahren, durch den Ort durch und vor dem Abzweig nach Valgorge auf dem Parkplatz rechts oberhalb parken (gegenüber liegt die **Bar Récollets** mit sehr schöner Außenterrasse oberhalb der Ligne).
Die Straße zurück vorbei am **Maison de la Presse**, an einem Restaurant und einer nach links abzweigenden kleinen Straße abwärts gehen. Nach etwa 100 m zwischen den Häusern scharf links die Treppen ansteigen. Ab hier ist der Weg **gelb-weiß markiert**. Der Weg wird schmaler und es führt zwischen den Mauern ein kleiner Pfad hinauf. Über einige Treppenstufen erreicht man dann eine Straße. Man folgt nun nach links der Ausschilderung in **Richtung Chassiers**, 2,9 km. Man gelangt an die D 103 und steigt hier nach rechts die paralell zur Straße verlaufenden Stufen an. An einer bald erreichten Straße geht es nach links am Wegkreuz vorbei die Straße hinunter, wieder zur D 103. Dieser geradeaus abwärts an der Bushaltestelle vorbei folgen (nicht nach links die D 503 Richtung Chassiers nehmen). Die gelb-weiße Markierung ist erst wieder etwas unterhalb am Laternenpfahl zu sehen. Um die Kurve herum, **am Ortsausgangsschild**, beim Schild „**70**“ in ein-

Die gotische Kirche St. Hilaire aus dem 14. Jahrhundert im Village de caractère Chassiers.

Romanische Kapelle St. Benoît in Chassiers.

2 Pfad nach rechts

en unscheinbaren Pfad nach rechts abwärts abbiegen. Der Pfad ist nach Regen eher ein kleiner Bachlauf. Man überquert noch einen Bach und steigt zu einer Straße auf, die man kreuzt und direkt gegenüber den Pfad weiter ansteigt. An einem Haus vorbei zieht sich der Pfad wunderschön durch Eichen- und Kiefernwald aufwärts. Man erreicht einen Waldfahrweg, dem man nach rechts folgt. Hinter einigen Neubauhäusern biegt ein schmaler Pfad zwischen Mauern nach links ab (Wegweiser **Chassiers 1,2 km**). Kurz danach kreuzt man eine Straße, der Weg ist hier nach Regen extrem matschig (man kann auch der Straße folgen). Der bald wieder erreichten Straße nach rechts über die Brücke folgen. Etwa 100 m der Straße aufwärts und in einer Linkskurve geradeaus dem Wanderweg folgen. An

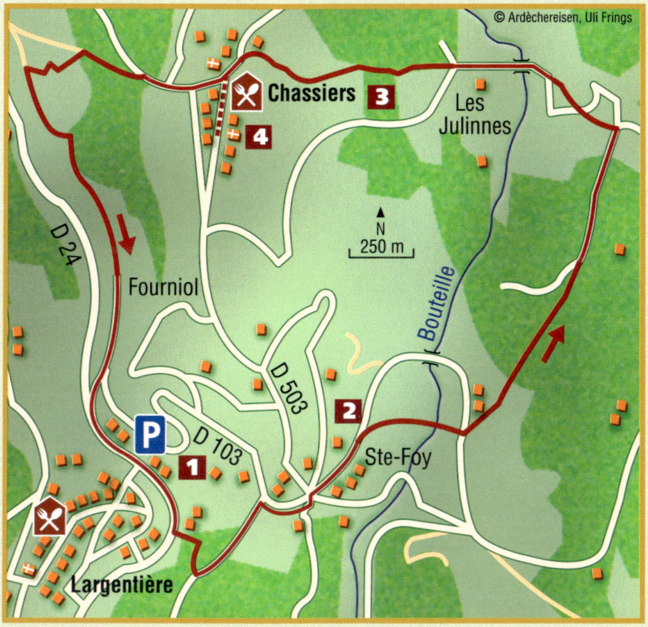

der wieder erreichten Straße 50 m aufwärts in die rechts abbiegende Straße gehen und direkt wieder nach links den Wanderweg nehmen. An einem Abzweig links halten und direkt wieder rechts. Durch die Wiesen geht man nun aufwärts nach Chassiers. Links sieht man in der Ferne den Förderturm der ehemaligen Silberminen von Largentière. Man erreicht eine Straße und geht hoch in den Ort und nach links zur Kirche. Der Weg steigt nun links von der Kirche an (oder Abstecher geradeaus zur **Épicerie** und zur romanischen **Kapelle St. Benoît**.

3 Förderturm

4 Abstecher

Ohne Abstecher folgt man oberhalb der Kirche nach links in **Richtung École**. An der Schule vorbei den Fahrweg unterhalb des Friedhofs abwärts gehen. In den schmalen Pfad leicht links einbiegen. An einem rechts abbiegenden Weg scharf links weiter abwärts. Nach einem kurzen Stück recht steil abwärts erreicht man einen teilweise geteerten Fahrweg, den man nach links um einige Kurven herum hinab geht. Man erreicht eine kleine Straße, der man nach links bis Largentière mit der **gelb-roten Markierung** des **GRP Tour du Tanargue** folgt. Bald darauf erreicht man in einer Kurve die Straße, die abwärts wieder zurück zum Parkplatz am **Place des Récollets** führt.

In der Ferne der Förderturm der ehemaligen Silbermine von Largentière.

1,5–2 Stunden
5,2 km • 245 HM

Schwierigkeitsgrad

▶ **Leicht**

▶ Nach Regenfällen einige sehr schlammige Passagen.

Wegmarkierung

Durchgängig **gelb-weiß** markiert. Gegen Ende der Wanderung ein Stück der **gelb-roten** Markierung folgen.

Wanderkarte

2838 OT LARGENTIÈRE
Topografische Wanderkarte Frankreich, 1:25 000 – GPS
EAN: 9782758543169

Einkehr

▶ **Eine Reihe netter Cafés und Restaurants** in Largentière.

▶ **Le Ver O Tof**
1 ruelle Adrienne Bressac
07110 Chassiers
Telefon 04 75 93 26 75
Einfache Gerichte am Dorfplatz unterhalb der Kirche Saint-Hilaire im schönen Village de caractère.

▶ **Auberge la Clède**
Le Village, 07110 Chassiers
Telefon 04 75 39 14 35
Sehr gutes Restaurants mit traditionell provenzalischer Küche.

▶ **Épicerie St. Benoît** in Chassiers, Mo. bis Sa. 8 bis 12.30 Uhr und 16 bis 19 Uhr, So. 8.30 bis 12.30 Uhr geöffnet.

Tour 17 Château de Montréal und Weinfelder

1 44°31'41.99"N 4°17'35.97"E Die **D 5** aus Richtung Aubenas bis kurz vor **Largentière** fahren und dann die **D 212** nach links Richtung Montréal nehmen. Bald wieder links abbiegen und hoch in den Ort fahren. Parkmöglichkeiten gibt es am Kriegerdenkmal unterhalb des Dorfplatzes mit Bouleplätzen und am Ortsausgang.

Gegenüber des kleinen Kriegerdenkmals geht nach links eine **schmale Gasse** ab und führt zwischen den Häusern hindurch. Die **gelbweiße Markierung** ist erst etwas weiter hinten zu finden. Der Weg führt als etwas verwachsener Pfad zwischen den Trockenmauern abwärts. Vor einem Zaun **scharf nach links** abbiegen (Achtung: nicht weiter geradeaus) und am Ende des Zauns nach rechts dem Pfad folgen. Der Wanderweg geht in eine kleine Straße über, die man einige hundert Meter bis zur Durchgangsstraße nimmt. Diese dann nach rechts und direkt wieder rechts auf einer kleinen Straße über eine Brücke gehen. Nach der Brücke nach rechts auf den oberen schmalen Pfad an der Mauer entlang abbiegen. Nach 50 m leicht links eine kurze Treppe hinauf und 20 m weiter den links ansteigenden Pfad nehmen. Im Kiefernwald biegt der Weg nach 50 m scharf links aufwärts ab. Der Weg zieht sich wunderschön an Obstplantagen und Weinfeldern entlang – bis zu einem Abzweig nach rechts **Richtung Laurac**. Der bald erreichten Straße folgt man nach rechts, vorbei an einem Weinfeld. Nach 50 m weiter aufwärts scharf links in den Pfad entlang einer Mauer abbiegen. Geradeaus vorbei an einem Abzweig quert

Château de Montréal, im 12. Jahrhundert als Schutzburg für Largentière erbaut.

man einen Bach. Leicht ansteigend erreicht man einen Fahrweg, den man nach links nimmt. An einem Wegweiser weiter **geradeaus Richtung Laurac** und an Abzweigen vorbei weiter dem Fahrweg mit nun **weiten Fernblicken** folgen. Bevor es wieder in den Wald hineingeht, dem Fahrweg nach rechts abbiegend folgen. Unterhalb eines Hauses in den Pfad halblinks abbiegen, leicht abwärts gehen, an einer kleinen Ruine scharf links abbiegen und nach 20 m Treppenstufen hinunter. Den Weg einige Serpentinen die **Faïsses** (Terrassen mit Trockenmauern) hinab. An einem

2 Picknickplatz

schönen Bauerngarten und Picknickplätzen geht es über die Wiese und rechts an der Hütte vorbei bis zum Bach. Über einen Steg und nach links am Bach entlang. Auf schmalem Weg, mal über Steine, mal über kleine Brück-

Weite Blicke über Wiesen und Weinfelder zu den Ardèche-Bergen

chen kreuzt man nun wunderschön mehrfach den kleinen Bach (**toller Wegabschnitt für Kinder**). Nach knapp 500 m geht nach einem breiteren Steg der Weg rechts hoch, ausgeschildert **Richtung Rosières**. An der erreichten Straße nach rechts gehen (hier ist nach links ein Abstecher in den Ort **Laurac-en-Vivarais** möglich). An Abzweigen vorbei die Straße links vom Friedhof entlang gehen. Der Wanderweg führt links vom Gebäude des Salle Municipale auf schmalem Pfad zwischen Mauern weiter. Vorbei an Abzweigen bis zu einem Querweg, den man nach rechts nimmt. Nach rechts geht bald ein Weg ab, man hält sich aber links. An einem Weinfeld erreicht man eine Straße und folgt ihr ein Stück nach rechts, vorbei an Abzweigen. Hinter einem großen Schuppen folgt man dem Wegweiser in **Richtung Montréal** nach rechts. Den Fahrweg geht man nun entlang von Weinfeldern und durch den Wald (auf die Markierung achten, einige Querwege). Nach dem Wald und weiteren Weinfeldern gelangt man zu einer kleinen Straße, der man nach links folgt. An einem Trafohäuschen biegt nach rechts der Richtung Montréal ausgeschilderte Weg ab. An einem Abzweig links **entlang des Waldrandes** halten. In einer scharfen Rechtskurve einige Meter nach links und dann rechts in den Fahrweg **Richtung Mas Gauthier** gehen. Der bald erreichten Straße leicht abwärts folgen. Nach einer Kurve in den Schotterweg vor dem Neubaugebiet nach links abbiegen und auch noch geradeaus über eine Wegkreuzung hinweg leicht abwärts gehen. Einer kleinen Straße nach links und direkt wieder nach rechts der Durchgangsstraße bis kurz vor Montréal folgen. Man verlässt nun die gelb-weiße Markierung, biegt leicht links in die Straße ab und gelangt durch den sehenswerten Ort Montréal zurück zum Ausgangspunkt.

3 Abstecher

2,5 Stunden
9 km • 200 HM

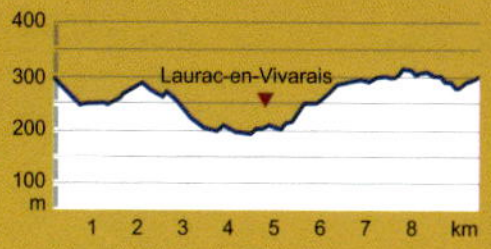

Schwierigkeitsgrad

▶ **Leicht**

▶ Nach Regenfällen kann die Passage am Bach entlang **2** unpassierbar sein.

Wegmarkierung

Durchgängig **gelb-weiß** markiert.

Wanderkarte

2838 OT LARGENTIÈRE
Topografische Wanderkarte Frankreich, 1:25 000 – GPS
EAN: 9782758543169

Sehenswert

▶ **Château de Montréal**
Telefon 04 75 89 91 81
www.chateau-montreal.com
Besichtigung März bis Dezember von 9 bis 12 Uhr und von 14 bis 18 Uhr, Mittwoch nachmittags und sonntags geschlossen.
Im Juli/August werden hier und auch am Château in Largentière **Mittelalter-Festspiele** durchgeführt.

Einkehr/Unterkunft

▶ **Café Louis**
Rue Frère Serdieu
07110 Laurac-en-Vivarais
Telefon 04 75 35 30 93
Bar, Café und seit einiger Zeit auch Restaurant in der Ortsmitte des schönen Dorfes.

▶ **Epicerie Le Relais Lauracois**
Rue Alphonse Daudet
07110 Laurac-en-Vivarais
Telefon 04 75 36 86 38

▶ **Hôtel/Restaurant Domaine de l'Eau Vive**
Le Roubreau
07110 Largentière
Telefon 04 75 89 20 53

Schöne Badestellen in den Flüssen Beaume, Drobie,

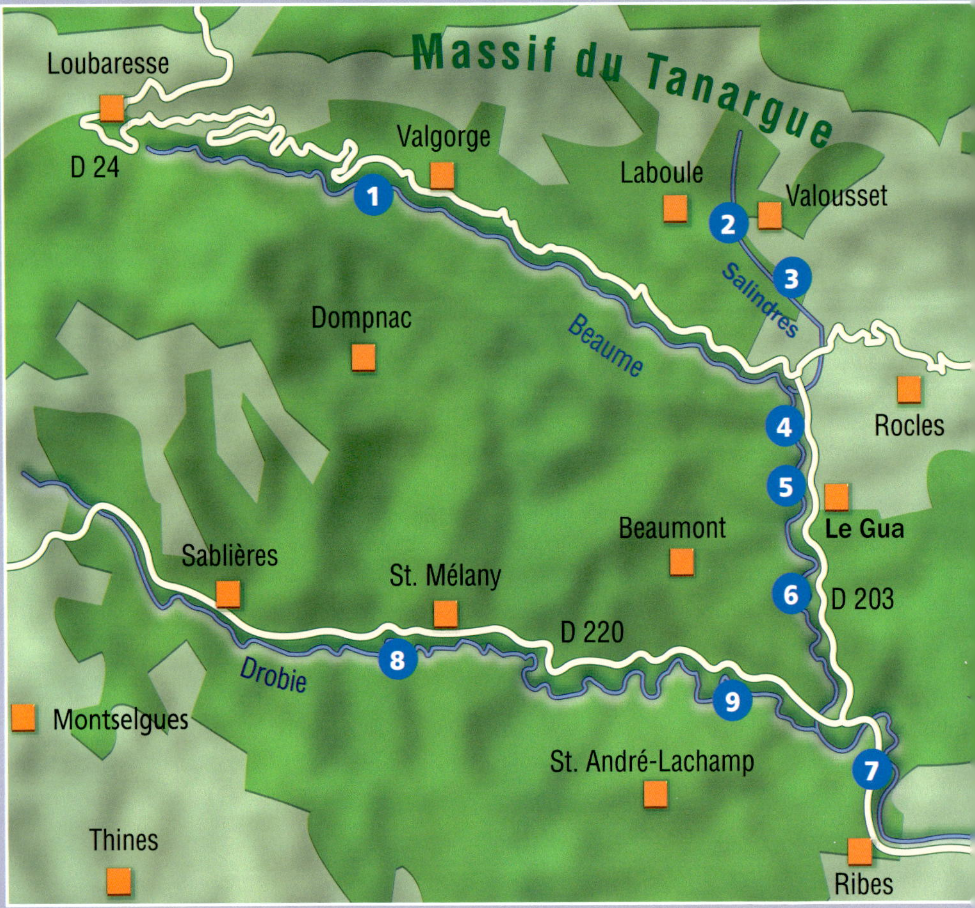

In den klaren Wildwasserflüssen und Bächen der Berge findet man überall größere und kleinere Badestellen. Eine oft eiskalte Abkühlung nach oder während einer Wanderung bietet sich fast immer. Hier einige der größeren Badegumpen, die auch im Hochsommer genug Wasser zum Schwimmen haben:

1 In **Valgorge-St.-Martin** den gelb-weiß markierten Wanderweg nach unten zur **Beaume** nehmen. Unterhalb der Bogenbrücke gibt es eine große, aber nur mit etwas Klettern zu erreichende Badestelle.

2 Von **Valousset-haut** aus nimmt man den Wanderweg nach Valos hinunter ins Tal. Vor der Eisenbrücke den Pfad nach links entlang der **Salindres** nehmen. Diese nach einer kleinen Ruine überqueren und auf der anderen Seite schräg links über die Steine gehen. Mit etwas Pfadfinderglück findet man hier den Weg, der weiter zunächst geradeaus und dann nach links zur Schwimmstelle führt. Hier muss man noch einige Meter am Fels abwärts klettern. **Sehr schwer zu finden**, aber einfach traumhaft!

3 Der **Elefantenpool**, eine der schönsten Badegumpen der Region. Von der D 24 bei dem Weiler **Salindres Richtung Valousset** abbiegen. Nach ca. 1,5 km kommt eine scharfe Rechtskurve mit großem Stein links. Von oben sieht man schon die Schwimmstelle. Den Pfad vor dem Stein abwärts und dann den leicht ausgesetzten Weg nach rechts nehmen.

Ligne und Salindres

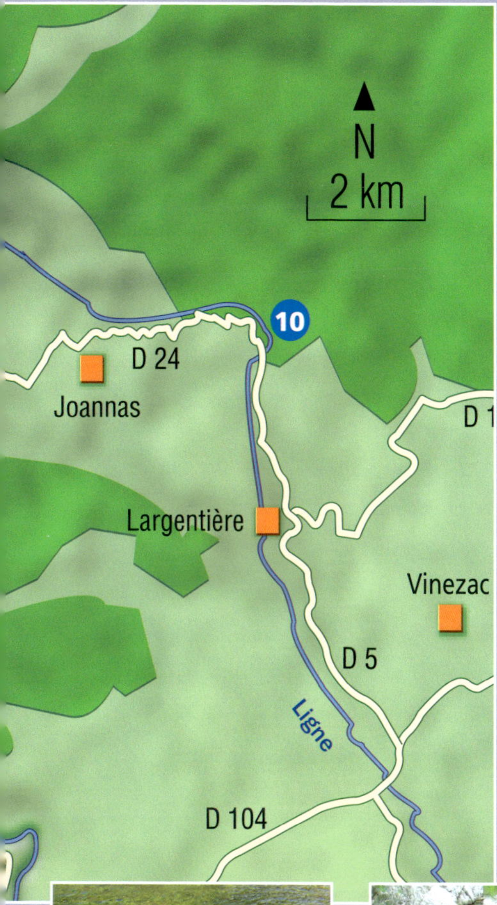

4 In der **Gorges de la Beaume** gibt es an der D 203 praktisch in jeder Flussbiegung fantastische und einsame Badestellen. Überall, wo man parken kann, führt auch ein Weg nach unten. **Achtung**, im Bereich **vor Le Gua** oft mit waghalsigen Klettereinlagen!

5 Kurz vor dem Ort Le Gua sehr große Schwimmstelle mit Sandstrand unterhalb der Bogenbrücke **Pont du Gua**.

6 **Nach Le Gua** finden sich an jeder Stelle, wo man parken kann, einfach zu gehende Pfade zur Beaume. Diese Schwimmstellen oft mit Sandstrand sind **ideal für Familien**.

7 Wenn man weiter Richtung Joyeuse fährt, im Ort **Les Deux-Aygues** nach rechts über die Brücke fahren. Man gelangt zu mehreren großen Schwimmstellen. Bei einer Parkmöglichkeit auf der linken Seite gibt es unterhalb auch angelegte Picknickplätze.

8 Die **Drobie** bietet eine unendliche Zahl schöner Schwimmstellen, bei St. Mélany z.B. unterhalb der wunderschönen Römerbrücke **Le Pont du Rouge**.

9 Wenn man beim Ort **Les Deux-Aygues** Richtung **St. Mélany** und **Sablières** abbiegt, kommt bald auf der linken Seite ein großer Parkplatz, von dem aus man mehrere schöne Badestellen an der **Drobie** erreicht.

10 Man fährt die D 24 aus **Largentière** kommend Richtung **Valgorge**. Nach dem Ort **Luth** geht die Straße aufwärts. Fast oben angekommen, geht nach rechts die ehemalige Straße ab. Am Straßenrand parken und nach rechts auf einem Pfad absteigen, rechts halten. Nach einigen hundert Metern geht es an mehreren Stellen nach links abwärts zu einem großen Pool der **Ligne** mit Wasserfall.

1

2

3

4

5

6

Tour 18 Thines – Pilgerort und Römerweg

Der denkmalgeschützte Ort Thines mit seiner romanischen Pilgerkirche **Notre Dame de Thines** aus dem 12. Jahrhundert gehört mit seiner exponierten Lage auf einem Bergsporn in 550 m Höhe wohl zu einem der schönsten Dörfer der Ardèche. Die Wanderung über zumeist schmale Schieferpfade, fast in einem Halbkreis um Thines herum, eröffnet einem immer wieder neue, fantastische Ausblicke.

1 44°29'37.13"N 4° 2'45.90"E

Von Valgorge aus: die D 24 weiter hoch bis kurz vor Loubaresse, hier nach links auf die D 403 abbiegen. Man erreicht nach einiger Zeit die D 4, dieser weiter nach links

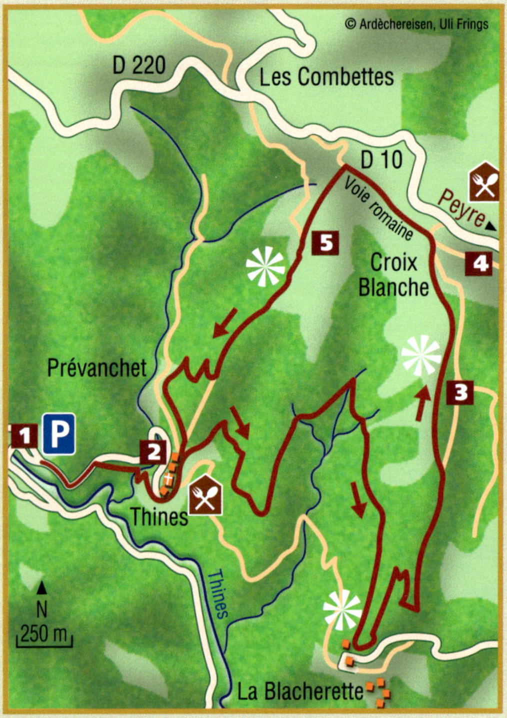

folgen. Nach ca. 10 km durch Wald und später über die Hochebene rechts Richtung Thines in eine kleine Straße abbiegen und in vielen Serpentinen abwärts zum Parkplatz fahren. Die etwa **1,5 stündige Anfahrt** ist sehr reizvoll, da man den landschaftlichen Wechsel von der mediterranen Ardèche zu den Bergen und Hochebenen nördlich von Loubaresse mit ihrem mitteleuropäischen Klima erlebt.

Von Les Vans aus: die D 901 Richtung Villefort nehmen und nach 2 km nach rechts auf die D 113 abbiegen. Nach weiteren 6 km nach rechts die D 513 entlang des Bachs Thines nehmen. Der Ort Thines ist fast autofrei, daher das Auto unterhalb auf dem Parkplatz abstellen.

Vom Parkplatz aus ein Stück die Straße hoch, dann nach rechts auf den gut ausgeschilderten Wanderweg abbiegen, der direkt zum Ortseingang führt. Die Straße unterhalb der Kirche entlang. Vorbei an einem Abzweig mit weiß-roter Markierung, den man nicht nimmt. Nach dem letzten Haus geht der **gelb-rot markierte** Wanderweg ab, dem man nach rechts etwa eine Stunde über einen schmalen, wunderschönen Schieferpfad folgt. Oberhalb des Ortes **La Blacherette**, bei einer Ziegenfarm, biegt der Weg, noch bevor das Dorf erreicht wird, nach links ab. 100 m darauf wieder scharf links halten und zunächst 15 Min. in Kehren aufwärts wandern. Es folgt ein ebenes Wegstück auf dem Bergrücken, bevor es nochmals etwa 10 Min. kräftig hinauf geht. Man erreicht einen fantastischen Picknickplatz auf Schieferfelsen mit Blick auf den bereits weit unten liegenden Ort Thines. Von hier geht es weitere 10 Min. aufwärts, dann erreicht man die höchste Stelle der Wanderung und einen Fahrweg, dem man am nächsten Abzweig nach links folgt. Ab hier an die **gelbe Markierung** halten.

3 Picknickplatz

4 Einkehrmöglichkeit

Nach rechts ist ein Abstecher zum 500 m entfernt liegenden Ort Peyre mit der **Auberge de Peyre** möglich. Ohne Einkehr weiter nach links, kurz vor dem Fernsehmast den links abbiegenden **gelb markierten** schmalen Pfad abwärts Richtung Thines nehmen.

Bild oben: Thines mit der romanischen Kirche.
Bild mitte links: Tal des Thines mit Schieferhaus.
Bild mitte rechts: Thines von La Blacherette aus gesehen.
Bild unten: Eine Besonderheit der Notre Dame de Thines ist der mehrfarbige Sandstein.

Nach einiger Zeit erreicht man auf einer Lichtung den von rechts kommenden **weiß-rot** markierten **GR 4**, dem man nun

5 GR 4, weiß-rot markiert

nach links abwärts folgt, beschildert mit **Thines 1,2 km** folgt. Immer den **weiß-rot** markierten Weg, auch an Abzweigen vorbei, nehmen. Man erreicht eine Wasseraufbereitungsanlage, an der man über die Wiese auf einen Fahrweg gelangt, von dem ca. 200 m unterhalb links ein weiß-rot markierter Pfad abbiegt. Der Pfad führt nun nach einigen hundert Metern hinab auf die Straße in Thines, zurück zum Ausgangspunkt.

3,5 Stunden

10 km • 440 HM

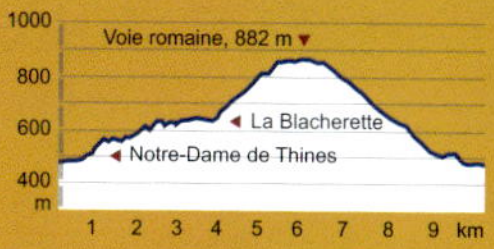

Schwierigkeitsgrad

- **Mittelschwer**
- Keine besonderen Schwierigkeiten, aber lange Passagen ohne Schatten über von der Sonne erhitztes Schiefergestein.

Wegmarkierung

Markierung erst **gelb-rot**, dann **gelb** und zum Schluss **weiß-rot**.

Wanderkarte

2838 OT LARGENTIÈRE
Topografische Wanderkarte Frankreich, 1:25 000 – GPS
EAN: 9782758543169

Einkehr/Unterkunft

- **Gîte d'étape à Thines**
Telefon 04 75 36 94 33
Preiswerte Wanderherberge mit Mehrbettzimmern und Kochgelegenheit direkt neben der Kirche.
- **Auberge de Thines**
Telefon 04 75 35 91 53
Etwas zu teuer für die eher einfachen Gerichte.
- **Maison du Gerboul**
Telefon 06 25 57 93 04
Das kleine Geschäft am Ortseingang wird vom *Parc Naturel Régional des Monts d'Ardèche* und den *Les Amis de Thines* betrieben und bietet einen **Salon de Thé**, viele Informationen zum Naturpark und regionale Produkte.
- **Auberge de Peyre**
07140 Saint-Pierre-Saint-Jean
Telefon 04 75 36 97 17
Großes Gasthaus an der Durchgangsstraße D 4 in den Bergen. An schönen Wochenenden mittags oft von Ausflüglern gut besucht. Preiswerte ländlich/deftige Menüs.

Tour 19 Ribes – Fernblicke und Kiefernwälder

1 44°29'43.82"N 4°12'25.95"E Von Joyeuse kommend nimmt man die **D 203**. Die Straße führt hinunter ins **Beaume-Tal** und nach einer Brücke geht links die **D 450 Richtung Ribes** ab. Der Straße folgen, den zweiten Abzweig rechts nehmen und an Abzweigen immer weiter aufwärts halten, bis nach links der Abzweig zur Kirche kommt. Am Platz vor der Kirche kann man gut parken, bei der **Mairie** (Bürgermeisteramt) gibt es eine gute Toilettenanlage. Von der Kirche ein kurzes Stück die Straße zurückgehen und dann direkt links abbiegen (**Ausschilderung Saint André-Lachamp**) und aufwärts, bis man leicht rechts um die Kurve eine Straße erreicht. Hier scharf links und direkt wieder scharf rechts halten. Der Straße nach oben folgen, noch vorbei an einer Ziegenfarm (hier wird der leckere AOC-Käse **Picodon** produziert) und einem Bauernhaus mit **sensationellem Ausblick**. Den dann links abbiegenden Wanderpfad nicht nehmen, sondern geradeaus dem nun beginnenden Waldweg folgen. Auf diesem Weg bleiben, auch vorbei an Abzweigen. Sehr abwechslungsreich geht es durch Kiefernwald, Wiesen und Kastanienhaine. Nach einer

2 Picknickplatz einsamen Wiese mit alter Grange (Scheune), vor der man schön sitzen und picknicken kann, zieht sich der nun breitere Fahrweg

durch Kiefernwald aufwärts. Oben angelangt links halten und an der nächsten Wegkreuzung rechts abbiegen. Erst wenn man das Tor eines Privatgrundstücks erreicht hat (rechts ein Tennisplatz), in den

nun abwärtsführenden schmalen Pfad scharf links einbiegen. Diesem immer geradeaus mehrfach die Straße überquerend nach unten folgen. Vorbei an einem Haus, in dem ein Steinmetz lebt und arbeitet. Oft kann man ihm zuschauen, wie er in Handarbeit **Granitblöcke** für den Hausbau bearbeitet. Danach auf dem Weg leicht links halten, bei einer Weggabelung geradeaus gehen (der Weg rechts ist auch richtig, aber sehr verwachsen) und weiter unten den nächsten Abzweig scharf links abwärts nehmen. Später, an einem Abzweig links weiter hinunter laufen. An den Häusern vorbei der Straße nach unten bis zur Querstraße folgen. Auf diese links abbiegen, im Bogen über eine Brücke und geradeaus ansteigen. Bei einem Brunnen links den Pfad entlang der Quellen ansteigen und oben der Straße Richtung Kirche folgen. Unterhalb der Kirche führt ein Weg links aufwärts zum Ausgangspunkt.

3 Steinmetz

2,5 Stunden
7,5 km • 280 HM

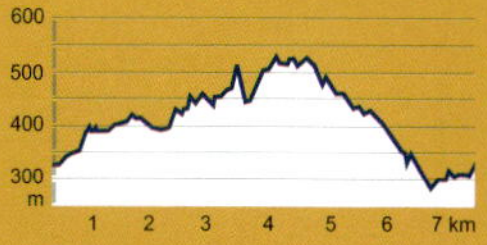

Schwierigkeitsgrad

▶ **Leicht**

Wegmarkierung

Keine durchgehende Markierung, teilweise **gelb-weiß**.

Wanderkarte

2838 OT LARGENTIÈRE
Topografische Wanderkarte Frankreich, 1:25 000 – GPS
EAN: 9782758543169

Einkehr/Unterkunft

▶ **Bar, Restaurant und Épicerie La Cueille**
07260 Ribes
Telefon 04 75 39 82 49
Alteingesessener Familienbetrieb, der nach 20 Jahren Schließung wiedereröffnet hat. Auf der wunderbaren Außenterrasse trifft sich nun der ganze Ort.

▶ In **Joyeuse** einige nette Cafés und Restaurants. Am Markttag (Mittwoch) trifft man sich in den **Cafés** unten im Ort. Die hervorragende Pizza vom Pizzawagen direkt nebenan darf man im **Café Céven** verzehren und mit etwas Glück singt jemand Chansons von Brel bis Gainsbourg dazu.

▶ **Hôtel de l'Europe**
07260 Joyeuse,
Telefon 04 75 39 51 26
Einfach, aber sehr preiswerte und deftige Tagesmenüs.

▶ **Le Bouche à Oreille**
07260 Joyeuse
Telefon 04 75 36 61 35
Sehr nettes Restaurant in der oberen Altstadt.

Sehenswertes

▶ **Kastanienmuseum Castanea** in Joyeuse (Seite 58).

▶ Die **mittelalterliche Altstadt** in der Oberstadt.

Die natürliche Felsenbrücke Pont d'Arc, das Wahrzeichen der Ardèche

Die Gorges de l'Ardèche

Zumindest einmal sollte man an die Ardèche-Schluchten fahren und auch eine der berühmten Höhlen besichtigen. Allerdings ist es Juli/August dort sehr überlaufen und touristisch. Man fährt an **Vallon-Pont-d'Arc** vorbei und folgt der Ausschilderung. Nach einigen Kurven erreicht man den großen Parkplatz beim **Pont d'Arc**. Hier halten und den kurzen Fußweg hinunter zum Wahrzeichen der Ardèche, der natürlichen Felsenbrücke, gehen. Wenn man weiterfährt, folgt nach der Kurve oberhalb nochmals ein Aussichtspunkt. Von hier sieht der Pont d'Arc noch beeindruckender aus. Danach windet sich die Straße schnell auf die Höhe und man kann den Lauf der Ardèche – und Hunderte von Kanuten – nur noch von weit oben bewundern. Die Aussichtspunkte sind erst kürzlich sehr schön neu angelegt worden. Leider muss man in der Hauptsaison auf den Parkplätzen etwas vorsichtig sein: An den vielen Glasscherben kann man erkennen, dass hier häufig Seitenscheiben eingeschlagen werden und Diebe, die meist mit Motorrädern kommen, sich Wertsachen aus den Autos greifen. Vor allem am berühmten **Cirque de la Madeleine** mit dem Ausblick auf den Flussverlauf in Form eines Omega-Zeichens, nutzen die Diebe, dass die Besucher sich etwas weiter vom Parkplatz wegbewegen.

Von den Höhlen ist wohl die **Grotte de la Madeleine** am schönsten. Die auf der anderen Ardèche-Seite liegende **Aven d'Orgnac** beeindruckt dagegen durch ihre Größe.

Cirque de la Madeleine

Village de caractère

Einen Besuch lohnen unbedingt die Orte **Vinezac**, **Labeaume**, **Vogüé** und **Balazuc**. Balazuc ist nicht nur eines von 20 **villages de caractère** in der Ardèche, sondern auch als eines der **plus beaux villages de France** (schönsten Dörfer Frankreichs) klassifiziert. Vor allem die Lage des Dorfes ist sehr beeindruckend. Balazuc ist gut erreichbar von der D 104 aus. Nach

Die Ardèchebrücke bei Balazuc

Balazuc vom gegenüberliegenden Ufer aus gesehen

Uzer (Richtung Aubenas) fährt man über die Brücke, hinter der Kurve kommt der Abzweig nach Balazuc. Der Ort zieht mit seinen übereinandergeschachtelten restaurierten Häusern am Steilhang der Ardèche im Sommer viele Besucher an. Auf der anderen Flussseite erhebt sich der Fels fast senkrecht, eine Straßenbrücke verbindet die beiden sandigen Ufer. Unterhalb des schön gelegenen Cafés setzen die Kanufahrer ein. Auf der Balazuc gegenüberliegenden Seite der Ardèche kann man am Ufer entlang nach links zum Weiler **Viel Audon** gehen. Dieser alte Ort wird wieder traditionell aufgebaut, es wurden über 1 000 Maulbeerbäume gepflanzt und man kann Ziegenkäse aus der Käserei kaufen.

Tour de Brison

Sowohl mit dem Auto als auch zu Fuß ist der Tour de Brison (siehe Seite 68) ein lohnendes Ziel um die Rundumaussicht zu genießen – ein Fernglas lohnt sich. Der Turm wurde vermutlich von den **Sarazenen** im 8. Jahrhundert erbaut. Er war Teil eines weitreichenden Nachrichtennetzes auf den Gebirgshöhen des Vivarais. Botschaften wurden durch Leuchtfeuer weitergegeben. Am Hang mit tollem Fernblick Richtung Alpen liegt im Örtchen Sanilhac das sehr gute Restaurant und Hotel Auberge de la Tour de Brison (siehe Seite 29).

Das Beaume-Ufer bei Labeaume

Die Markttage in der Ardèche:

Montag:	**Rosières (nur im Hochsommer), Saint-Agrève, Vogüé**
Dienstag:	**Jaujac, Lalevade, Lamastre, Largentière, Viviers**
Mittwoch:	**Annonay, Bourg-Saint-Andéol, Le Cheylard, Coucouron, Joyeuse, Neyrac-les-Bains, Le Pouzin, Saint-Péray, Villeneuve-de-Berg**
Donnerstag:	**Chomérac, Lalouvesc, Lavilledieu, Montpezat, Saint-Martin-de-Valamas, Le Teil, Vallon-Pont-d'Arc, Vernoux**
Freitag:	**Cruas, Jaujac, Ruoms, Saint-Félicien, Serrières, Thueyts, La Voulte-sur-Rhône**
Samstag:	**Annonay, Aubenas, Privas, Saint-Sauveur-de-Montagut, Tournon-sur-Rhône, Les Vans**
Sonntag:	**Lablachère, Payzac, Saint-Cirgues-en-Montagne, Saint-Martin-d'Ardèche, Saint Mélany, Saint-Pierreville, Valgorge, Vals-les-Bains**

Nachtmärkte (les marchés nocturnes), nur im Juli und August:

Dienstag:	**Les Vans, Vallon Pont d'Arc**	**Mittwoch:**	**Ruoms, Aubenas**
Freitag:	**Largentière**	**Sonntag:**	**Joyeuse**

50 grs
100 grs
1,50 €
2,70 €
6 €
PIMENT FORT
LES PIMENTS ONT PEU D'AROMES, MAIS LEURS SAVEURS VARIENT ENORMEMENT
LES VARIETES DE GRANDE TAILLE SONT GENERALEMENT PLUS DOUCES QUE LES PETITES VARIETES POINTUES.
25 grs 1,50 €
50 grs 2,70 €
100 grs 6 €
ANETH
1,50 €
2,70 €
6 €

Rezept Mousse de châtaignes Kastanienmousse

Zubereitung

Die Schokolade zerbröseln und im heißen Wasserbad mit 1–2 Esslöffeln Wasser schmelzen. Butter erhitzen und mit der Kastaniencrème und der geschmolzenen Schokolade verrühren, kalt stellen.

Crème fraîche mit dem Mandelpulver und dem Puderzucker verrühren, einen kräftigen Schuss Likör oder Schnaps dazugeben. Diese Masse auf die Schokoladenmasse geben, nicht verrühren und einige Stunden kalt stellen. Dann mit einem Löffel herausheben und mit Puderzucker und Früchten garnieren.

Zutaten

100 g schwarze Schokolade (mind. 70 % Kakaoanteil)
400 g gesüßte Kastaniencrème
100 g Puderzucker
100 g Butter
100 g Crème fraîche
100 g geriebene Mandeln
Kastanienlikör oder Marc (Tresterschnaps, ähnlich Grappa)

Die Edelkastanie

Edelkastanien (oder bei uns auch Esskastanien genannt) unterteilt man in vier Arten: Japanische Kastanie (*Castanea crenata*), Chinesische Kastanie (*Castanea mollissima*), Amerikanische Kastanie (*Castanea dentata*) und die bei uns heimische Europäische Kastanie (*Castanea sativa*). Die Edelkastanie, wie auch die Eiche, gehört zu der Familie der Buchengewächse und ist botanisch mit der für Menschen ungenießbaren Rosskastanie (*Aesculus hippocastanum*) nicht verwandt.

Durch Züchtung und Veredelung sind in Frankreich über 200 verschiedene Sorten (davon über 65 in der Ardèche) der Edelkastanie entstanden, die sich u. a. in Größe und Geschmack stark unterscheiden, ähnlich den unterschiedlichen Apfelsorten.

Rezept Tarte aux châtaignes Kastanienkuchen

Zutaten
ca. 450 g gesüßte Kastaniencrème (eine große Dose mit ca. 950 g reicht entsprechend für zwei Kuchen)
100 g geschmolzene Butter
50 g Kastanienmehl (oder auch Weizenmehl)
4 Eier (getrennt)
1 halber Beutel Backpulver oder Trockenhefe
1 Prise Salz

Zubereitung

Kastaniencrème, geschmolzene Butter, Eigelb, Mehl und Backpulver miteinander verrühren. Das Eiweiß und Salz mit dem Mixer steif schlagen und locker unterheben. In einer gebutterten Quicheform (oder Springform) bei 180 Grad Umluft ca. 20–30 Minuten goldbraun backen.

Als **Variante** den erkalteten Kuchen mit geschmolzener dunkler Schokolade (mind. 70 % Kakaoanteil) bestreichen. Sehr lecker, aber der Kastaniengeschmack tritt etwas in den Hintergrund.

Kastanien
Ihr Name wurde von den Griechen geprägt, die die (Ess-)Kastanie nach einer Stadt Kastana in Pontus an der kleinasiatischen Küste des Schwarzen Meeres benannt haben. Die Römer latinisierten die alte griechische Bezeichnung später zu Castanea.

Rezept Crème brûlée **Vanillecrème mit Karamellschicht**

Die Crème brûlée ist „der" Klassiker unter den französischen Desserts. Im Grunde ein sehr leichtes Rezept (womit nicht die Kalorienzahl gemeint ist), trotzdem erfordert es einige Übung. Vor allem das richtige Stocken der Eier-/Sahnemasse will nicht immer gelingen, während später das Karamellisieren des Zuckers ein Kinderspiel ist. Man braucht nur einen geeigneten Brenner, entweder aus dem Küchenfachhandel oder man nehme einfach einen Gasbrenner, wie er z.B. zum Löten von Wasserleitungen verwendet wird.

Zutaten
400 ml Sahne
150 ml Milch
4 Esslöffel Zucker
4 Eigelb
1/2 Vanilleschote
1 Prise Salz
2 Esslöffel brauner Zucker

Zubereitung

Sahne und Milch vermengen, Vanilleschote einritzen, auskratzen und alles zusammen aufkochen. Eigelb, Zucker und Salz miteinander verrühren. Die Vanillesahne mit einem Schneebesen heiß unterrühren. Die Flüssigkeit in feuerfeste Schälchen füllen. Besonders bewährt haben sich kleine, flache Quicheformen mit ca. 12 cm Durchmesser. Die Schälchen in eine mit sehr heißem Wasser gefüllte Fettpfanne stellen, aufpassen, dass kein Wasser in die Formen schwappt! Mind. für eine Stunde bei ca. 120 Grad in den Backofen geben (je nach Backofen sicherheitshalber etwas heißer einstellen und etwas länger backen). Danach einige Stunden kalt stellen, am besten über Nacht. Dann die Crème dünn mit braunem Zucker bestreuen, mit dem Brenner karamellisieren und sofort servieren.
Der Kontrast von kalter Crème und heißer Karamellschicht ist etwas ganz Besonderes.

Rezept Crêpes à la farine de châtaigne

Crêpes aus Kastanienmehl

Zubereitung

Für die Crêpes: Kastanienmehl (oder auch Weizenmehl) mit Milch, Eigelb und einem Schuss Cointreau verrühren. Eiweiß mit einer Prise Salz steif schlagen und unterheben. Eine kleine Pfanne mit ordentlich Butter stark erhitzen, einen Schöpflöffel des Teigs hineingeben und von beiden Seiten goldbraun backen. **Tipp**, wenn man das professionelle Wenden nicht beherrscht und beim Üben nicht zuviele Crêpes „verlieren" möchte: Den Crêpe zunächst vorsichtig auf einen Kochtopfdeckel gleiten lassen und dann umgekehrt zurück in die Pfanne geben, das klappt fast immer.

Zutaten
200 g Kastanienmehl
500 ml Milch
6 Eier (getrennt)
Orangenlikör (Cointreau)
Erdbeeren (oder je nach Saison andere Früchte, z. B. Pflaumen)
Butter, 1 Prise Salz, Zucker, Puderzucker

Für die Füllung: Erdbeeren waschen und vierteln. Die Hälfte mit etwas Zucker und einem kräftigen Schuss Cointreau pürieren. Die restlichen Erdbeeren dazugeben und kalt stellen.

Die Erdbeersauce auf die fertigen Crêpes verteilen, diese zuklappen und mit Puderzucker bestreuen.

Kastanienmehl

Das Kastanienmehl ist in seinem Nährwert dem des naturbelassenen Getreides sehr ähnlich. Getreide allerdings ist ein säurebildendes Lebensmittel und trägt so zu dem weitverbreiteten Problem der Übersäuerung des Organismus bei. Die Kastanie hat im Gegensatz dazu basenbildende Eigenschaften und wirkt so der Übersäuerung entgegen. Sie enthält neben Stärke und hochwertigem pflanzlichem Eiweiß auch hochwertige Kohlenhydrate und ist arm an Fett und Kalorien. 100 g Kastanien enthalten die gleiche Menge Vitamin C wie 100 g Zitronen und haben nur 200 Kalorien/800 kJ. Da die Kastanie kein Klebereiweiß (Gluten) enthält, eignet sie sich auch bei Glutenunverträglichkeit (Zöliakie).

Rezept Figues au cognac Feigen in Cognac

Zubereitung

Die reifen Feigen (ungeschält) kreuzförmig einschneiden, mit Cognac übergießen und etwas Zucker darüberstreuen. 15 Min. im Backofen bei 180 Grad in einer offenen Auflaufform o. ä. backen, kalt stellen. Die erkalteten Feigen auf Teller heben, verbleibenden Saft mit Crème fraîche verrühren und über die Feigen geben.

Zutaten
Frische Feigen
Zucker
Cognac
Crème fraîche

Rezept Tarte Tatin avec figues Tarte Tatin mit Feigen

Zutaten
Frische Feigen
Blätterteig (möglichst rund)
Brauner Zucker
Butter
100 ml Banyuls oder Portwein
Gehackte Walnüsse

Tarte Tatin ist eine französische Tarte, die verkehrt herum gebacken wird und nach ihren Erfinderinnen (den Schwestern Tatin) benannt ist.

Zubereitung

Die Feigen halbieren und 30 Min. in Banyuls oder Portwein marinieren. In der Zwischenzeit eine Quicheform buttern und dünn mit Zucker bestreuen. Mit einem Bunsenbrenner (s. dazu das Rezept für eine Crème brûlée) oder unter dem Grill des Backofens karamellisieren. Feigen mit der Schnittseite auf das Karamell legen. Den Teig auf die Feigen geben, gut andrücken und rundum mit einer Gabel einstechen. Im Ofen 15 bis 20 Min. goldbraun bei ca. 200 Grad backen, stürzen und mit Nüssen bestreuen. Sehr gut dazu schmeckt Vanilleeis und Sahne.

Seidenraupenzucht in der Ardèche

In den Seidenspinnereien herschten unmenschliche Arbeitsbedingungen. Oft bestand fast die Hälfte der Mitarbeiter aus Kindern ab sechs Jahren.

Die Seidenraupenzucht war vor allem im 19. Jahrhundert die wirtschaftliche Basis der Ardèche-Bevölkerung. Die Ardèche gehörte zu dieser Zeit zu den **vier industrialisiertesten Regionen Frankreichs**. Allein in Largentière gab es 12 Fabriken mit über 400 Mitarbeitern (davon über 150 Kinder). Die Ardèche war mit ihrem milden, gemäßigten Klima ideal sowohl für die Zucht der Seidenraupe als auch für den Anbau des Maulbeerbaums, dessen Blätter die einzige Nahrung der Seidenraupe darstellen. Fast alle Bauernfamilien züchteten im Mai jeden Jahres aus angekauften Eiern des Seidenspinners Raupen. Innerhalb von sechs Wochen wächst die am Anfang winzige Seidenraupe auf etwa 8 cm Länge. Dabei frisst sie große Mengen Maulbeerbaumblätter, die die Bauern täglich frisch ernteten. In praktisch allen Bauernhäusern gab es spezielle Räume zur Aufzucht, die man **Magnanerie** nannte, vom okzitanischen Wort **magnan** = Seidenspinner. Nach etwa sechs Wochen verpuppt sich die Seidenraupe innerhalb von drei Tagen. Der dabei gebildete Kokon besteht aus einem über 1000 m langen Seidenfaden. Der im Kokon befindliche Falter wird dann mit heißem Wasser oder im Brotbackofen abgetötet, da er beim Schlüpfen den Faden zerstört.

Eine Besonderheit in den Räumen der ehemaligen Seidenspinnerei von Largentière sind die Oberlichter, die es ermöglichten, bei Tageslicht zu arbeiten. Das von Dominique und José Ruiz aufgebaute Musée de la soie en Ardèche in der Ruine der alten Seidenfabrik von Largentière ist leider seit 2021 geschlossen.

Der **Seidenspinner** oder Maulbeerspinner (Bombyx mori) ist ein vor allem in China beheimateter Schmetterling aus der Familie der Echten Spinner (Bombycidae). Der Mensch nutzte schon früh die Fähigkeiten der Raupen dieses Schmetterlings, der Seidenraupen, zur Erzeugung von Seide. Die Spinndrüsen der Raupe sondern das aus Proteinen bestehende Seidenmaterial ab. Indem die Raupe das an der Luft sofort zu einem Faden erhärtende Protein-Material aus den Spinnwarzen austreten lässt und dabei mit dem Kopf charakteristische Bewegungen macht, legt sie um sich herum Fadenwindung um Fadenwindung. Nach dem anfänglichen Ausstoß einer unregelmäßigen lockeren Fasermasse, der sogenannten Wattseide, ist sie in kurzer Zeit von einem dichten Seidengespinst, dem Kokon, eingeschlossen, der aus einem einzigen, bis über 1000 m langen Faden besteht.

Die **Maulbeeren** oder **Maulbeerbäume** (Morus) sind wie die Feigen (Ficus) eine Pflanzengattung in der Familie der Maulbeergewächse (Moraceae). Maulbeeren sind sommergrüne Bäume oder Sträucher, die Wuchshöhen von 6 bis 15 Meter erreichen. Die grünen Blätter der Maulbeere dienen der Zucht des Seidenwicklers und waren der hauptsächliche Zweck, zu dem die Maulbeerbäume nach Europa eingeführt worden sind. Ganze Landschaften – hauptsächlich in Südeuropa – wurden mit Maulbeerbäumen, der Seidenraupenzucht und durch die Seidenproduktion geprägt. Billige Seidenimporte aus Südostasien Anfang des 20. Jahrhunderts machten die europäische Seidenzucht und damit auch die europäischen Maulbeerbäume überflüssig und verdrängten sie von den Alleen, wo sie oft zu finden waren.
Die Früchte der Maulbeerbäume sind essbar. Das Aussehen erinnert stark an Brombeeren, die Farbe reicht von crèmefarben (Weiße Maulbeere) über rot bis zu schwarz. Allerdings lässt sich die Art nicht über die Fruchtfarbe bestimmen, da es auch weiße Maulbeeren mit dunklen Früchten gibt. Maulbeerfrüchte sind süß und saftig, gelten aber in Frankreich als fade und werden nicht geerntet.

Nun begann die Arbeit in der Spinnerei. Der Faden wurde abgewickelt und später maschinell aus sechs bis acht Fäden zu einem dickeren webbaren Faden verdrillt. Die Arbeitsbedingungen in den Fabriken waren unmenschlich. Der abgetötete Falter stank erbärmlich und es war feucht und kühl in den Fabriken, da sie nah an die Flüsse gebaut waren, um die Wasserkraft für den Antrieb der Maschinen zu nutzen. Zudem wurden viele Kinder schon ab einem Alter von nur sechs Jahren beschäftigt, vor allem Mädchen, da sie mit ihren kleinen Fingern besonders geeignet waren, den Anfang des Fadens bei den Kokons zu finden.
Der Niedergang der Seidenproduktion durch Krankheiten und billige Importseide nach der Öffnung des **Suezkanals** (1869) traf die Ardèche schwer. Die frühere Lebensgrundlage, den „Brotbaum" **Esskastanie** (siehe zum Kastanienmuseum die Seiten 58/59) hatte man Dank des Reichtums durch die Seidenproduktion völlig vernachlässigt. Die daraufhin einsetzende **Landflucht** führte zur fast vollständigen Entvölkerung der Region.

Französisch für Wanderer

Wichtige Wörter und Ausdrücke

oui	ja
non	nein
s'il vous plaît	bitte
merci beaucoup	vielen Dank
comment?	wie bitte?
pardon/ excusez-moi	Entschuldigung
bonjour	guten Morgen/ guten Tag
bonsoir	guten Abend
au revoir	auf Wiedersehen

Orientierung/Landschaft

la balade, la randonnée	Wanderung
le chemin	Weg
le sentier	Pfad
tout droit	geradeaus
à gauche	links
à droite	rechts
la distance	Entfernung
la descente	Abstieg
la montée	Aufstieg
la carte (géographique)	Landkarte
la boussole	Kompass
le col	Pass
la crête	Bergkamm
le mont	Berg
le pic	Gipfel
la vallée	Tal
la plaine	Ebene
le lac	See
l'étang	Teich
la rivière	Fluss
le ruisseau	Bach
le pont	Brücke
le port/le havre	Hafen
l'anse/la baie	Bucht
l'Île	Insel
la mer	Meer

Unterkunft

l'hôtel	Hotel
l'auberge	Gasthaus
l'hébergement	Unterkunft
le gîte d'étape	Wanderherberge
le gîte rural	ländliches Ferienhaus
la chambre d'hôtes	Gästehaus
la chambre double	Doppelzimmer
la chambre single	Einzelzimmer
la douche	Dusche
le petit déjeuner	Frühstück
le camping	Campingplatz
la ferme	Bauernhof
la cabane	Hütte
la grange	Scheune
la maison	Haus
le mas	Bauernhaus
le sac à dos	Rucksack
le sac de couchage	Schlafsack
la tente	Zelt
l'abri	Unterstand

Verpflegung

la boulangerie	Bäckerei
l'épicerie	Lebensmittelladen
la boucherie	Metzgerei
la pharmacie	Apotheke
le pain	Brot
la bière	Bier
le vin (rouge)	(Rot-)Wein
la table d'hôtes	Gästetisch

Wetter

le temps	Wetter
beau temps, mauvais temps	gutes, schlechtes Wetter
la neige	Schnee
la pluie	Regen
l'averse	Regenschauer
l'orage	Gewitter
la boue	Matsch
le soleil	Sonne
le vent	Wind
l'ombre	Schatten

Zahlen

un	eins	six	sechs
deux	zwei	sept	sieben
trois	drei	huit	acht
quatre	vier	neuf	neun
cinq	fünf	dix	zehn
cent	hundert	mille	tausend

Nordwestlich der kleinen, auf über 1000 m Höhe gelegenen Ortschaft Montselgues tobt das „Chaos“. So nennt man diese einzigartige Landschaft aus rundgeschliffenen Granitblöcken, die vor 250 Millionen Jahren entstanden ist. 2014 ist die Region zum fünften Geopark Frankreichs erklärt worden.

Register

Wanderwegmarkierungen

Das Netz der Wanderwege in der Ardèche ist in den letzten Jahren mit Wegweisern und neuen Markierungen sehr gut ausgebaut worden. Die „Poteaus" sind aber nicht durchgängig aufgestellt, am besten folgt man daher der „klassischen" Markierung mit den farbigen Balken. Die **GR** (Fernwanderwege) sind **weiß-rot** markiert, die **GRPs gelb-rot** und die **örtlichen Wanderwege weiß-gelb**.

Wegmarkierung, hier für einen **Grande Randonnée de Pays** (Fernwander-Rundweg).

Der **Weg biegt ab**, in diesem Fall nach links.

Diesen **Weg NICHT nehmen**, wenn man der Markierung weiter folgen möchte.

Ausrüstung und Gefahren

Für alle beschriebenen Wanderungen sind, wegen der oft gerölligen Wege, **knöchelhohe Wanderschuhe** mit guter Profilsohle erforderlich. Das Wetter kann in den Ardèche-Bergen schnell umschlagen, daher immer **Regenschutz** und eine Fleecejacke oder einen Pulli mitnehmen. Wenn der Mistral (kalter Nordwind) über das Massif du Tanargue fegt, kann es auch an warmen Tagen in der Höhe unangenehm kalt werden. Und auch die mediterrane Sonne sollte man nicht unterschätzen, ausreichend **Sonnenschutz** ist unentbehrlich, oberhalb von 800 m (hier endet der Kastanienwald) gibt es kaum noch Schatten. Aus den Quellen in den Bergen kann man bedenkenlos trinken, aber gerade im Sommer sind viele Quellen ausgetrocknet, daher ausreichend **Trinkwasser** einpacken. Die Wandertouren folgen alle deutlichen Wegen. Auf wegloses Terrain, Klettersteige oder Passagen, die Schwindelfreiheit erfordern, habe ich fast ganz verzichtet oder gesondert auf schwierige Stellen hingewiesen.

Wichtige Telefonnummern:
Vorwahl Frankreich: 0033
Notruf (S.A.M.U.): 15 oder 112
Polizei: 17
Feuerwehr: 18 oder 112
Telefonauskunft: 12
Krankenhaus: Centre Hospitalier in Aubenas, Telefon 04 75 35 60 60.
Clinique du Vivarais in Aubenas, Telefon 04 75 35 70 00.
Ärzte in Largentière: Philippe Miltgen, Telefon 04 75 39 44 74.
Serge André, Telefon 04 75 39 12 12.
Tierarzt: Clinique vétérinaire A'Nimo 52 route des Frigoules, 07260 **Rosières**, Telefon 04 75 89 17 40.
Taxi in Rocles: Telefon 06 77 54 82 40.
Taxi in Chassiers: Telefon 04 75 88 33 84 oder Mobil 06 80 65 93 46.